Baas over obesitas

Dit werkboek is van:

Kind en adolescent praktijkreeks
Dit werkboek, *Baas over obesitas*, is onderdeel van de Kind en adolescent praktijkreeks.
Bij deze titel is tevens te bestellen: *Cognitieve gedragstherapie bij (lvb-) jongeren met obesitas – handboek*, Uitgeverij Bohn Stafleu van Loghum, Houten, 2019.

Bestellen:
De boeken zijn rechtstreeks te bestellen via de webwinkel van uitgeverij Bohn Stafleu van Loghum te Houten: www.bsl.nl of via de boekhandel.

Redactie Kind en adolescent praktijkreeks
Dr. F. Bootsman
Dr. I.M. Hein
Drs. M.J. van Hoof
Drs. G.H.H. van de Loo-Neus
Prof. dr. E.M.W.J. Utens
Dr. J.C. Visser

Baas over obesitas

Werkboek

Leonie van Ginkel
Sjoukje Adema

Houten 2019

© 2019 Bohn Stafleu van Loghum, onderdeel van Springer Media

Alle rechten voorbehouden. Niets uit deze uitgave mag worden verveelvoudigd, opgeslagen in een geautomatiseerd gegevensbestand, of openbaar gemaakt, in enige vorm of op enige wijze, hetzij elektronisch, mechanisch, door fotokopieën of opnamen, hetzij op enige andere manier, zonder voorafgaande schriftelijke toestemming van de uitgever.

Voor zover het maken van kopieën uit deze uitgave is toegestaan op grond van artikel 16b Auteurswet jo het Besluit van 20 juni 1974, Stb. 351, zoals gewijzigd bij het Besluit van 23 augustus 1985, Stb. 471 en artikel 17 Auteurswet, dient men de daarvoor wettelijk verschuldigde vergoedingen te voldoen aan de Stichting Reprorecht (Postbus 3060, 2130 KB Hoofddorp). Voor het overnemen van (een) gedeelte(n) uit deze uitgave in bloemlezingen, readers en andere compilatiewerken (artikel 16 Auteurswet) dient men zich tot de uitgever te wenden.

Samensteller(s) en uitgever zijn zich volledig bewust van hun taak een betrouwbare uitgave te verzorgen. Niettemin kunnen zij geen aansprakelijkheid aanvaarden voor drukfouten en andere onjuistheden die eventueel in deze uitgave voorkomen.

ISBN 978 90 368 2309 8
NUR 777

Ontwerp omslag en binnenwerk: Studio Bassa, Culemborg
Automatische opmaak: Pre Press Media Groep, Zeist
Illustraties: Marcel Jurriëns, Boxtel

Bohn Stafleu van Loghum
Walmolen 1
Postbus 246
3990 GA Houten

www.bsl.nl

Inhoud

Inleiding	7
Informatie voor bijeenkomst 1: Groepsbehandeling Baas over obesitas	9
Informatie voor bijeenkomst 2: Gezonde voeding	19
Informatie voor bijeenkomst 3: De balans	27
Informatie voor bijeenkomst 4: Waarom bewegen?	37
Informatie voor bijeenkomst 5: Mijn lichaam en houding	49
Informatie voor bijeenkomst 6: Situatie, Gedrag, Gevolg	59
Informatie voor bijeenkomst 7: Probleem oplossen	75
Informatie voor bijeenkomst 8: Helpende en niet-helpende gedachten	85
Informatie voor bijeenkomst 9: Feestdagen en feestjes	97
Informatie voor bijeenkomst 10: Anders dan anders: feestdagen en vakanties	107
Informatie voor bijeenkomst 11: Dranken	117
Informatie voor bijeenkomst 12: Etiketten lezen	127
Informatie voor bijeenkomst 13: Hoe kijk ik naar mijn lichaam?	135
Informatie voor bijeenkomst 14: 'Nee' zeggen en opkomen voor jezelf	143
Informatie voor bijeenkomst 15: Zelfbeeld	151
Informatie voor bijeenkomst 16: Zelfzorg	161
Informatie voor bijeenkomst 17: Eetbuien	171
Bijeenkomst 18: Terugvalpreventieplan	181

Inleiding

Je gaat starten met de groepsbehandeling Baas over obesitas. Deze groepsbehandeling heet zo, omdat we in deze behandeling werken aan een gezond leven. Daardoor word jij de baas over je overgewicht.

Gezond leven doen we door gezond te eten en drinken en goed te bewegen. We gaan het niet alleen maar hebben over jouw gewicht. We willen je graag alles leren over een gezonde leefstijl. Ook je ouders of opvoeders leren dit en gaan jou helpen. Het werkt het best als zij ook gezond leven.

Jongeren die deze behandeling starten verwachten vaak dat ze door deze behandeling heel veel afvallen en snel een gezond gewicht krijgen. Dat is niet het doel van deze behandeling. Het doel is dat je gaat leren gezond te leven en daardoor kan je langzamerhand af gaan vallen. Vaak hebben jongeren al van alles geprobeerd om af te vallen en is het niet gelukt dit vol te houden. Strenge diëten zijn zwaar en zorgen ervoor dat je honger krijgt en misschien juist meer gaat eten. Met een gezonde leefstijl eet je gezond en genoeg, beweeg je meer en kan je op een gezonde manier langzaam afvallen. Daardoor zit je lekkerder in je vel.

Het leren van een gezonde leefstijl kost tijd. Daarom ga je je leefstijl in stappen veranderen. Zo lukt het beter om het vol te houden.

Dit werkboek is voor jongeren van vijftien tot ongeveer drieëntwintig jaar. Soms kunnen opdrachten lastig zijn en kan je hulp vragen van je ouders of opvoeders. Zij komen in de komende maanden ook vier keer bij elkaar voor een ouderbijeenkomst. We vertellen ze dan wat jullie leren en hoe ze jullie kunnen helpen.

We werken in een groep. Jongeren met obesitas die gezond gaan leven, kunnen veel aan elkaar hebben. Ze herkennen veel bij elkaar en kunnen elkaar helpen door tips te geven. Ook voelen ze zich veilig bij elkaar, omdat ze hetzelfde probleem en hetzelfde doel hebben.

Heel veel plezier en succes!

Informatie voor bijeenkomst 1: Groepsbehandeling Baas over obesitas

In de inleiding heb je gelezen dat we in deze behandeling gaan werken aan een gezonde leefstijl, waardoor jij de baas wordt over je obesitas.
Hieronder bespreken we wat we iedere bijeenkomst doen en wat daarvan het doel is.

Wegen

Elke bijeenkomst start met het wegen van je gewicht. We gaan ook je buikomvang meten. Dit doen we zodat we goed kunnen bijhouden of de behandeling effect heeft. We wegen elke bijeenkomst. Je buikomvang wordt een paar keer gemeten: aan het begin en aan het eind van de behandeling.

Eetdagboek

We bespreken elke bijeenkomst je eetdagboek. Dit is een dagboek waarin je dagelijks bijhoudt wat je hebt gegeten en gedronken. We bespreken met elkaar wat er goed ging en wat er beter zou kunnen. We bespreken dit in de groep zodat je van elkaar kunt leren. Soms is het prettig om te horen dat jij niet de enige bent die dingen moeilijk vindt.

Thema

Tijdens elke bijeenkomst staat er een thema centraal. Dit thema is een onderwerp waarover we jullie meer willen leren. We doen dit door middel van praten, maar ook door het doen van activiteiten. Dit kan een spel zijn, een quiz of bijvoorbeeld een kookactiviteit.

Voorbeelden van thema's zijn: waarom is bewegen gezond? Hoe verzorg ik mijzelf? Welke gedachten kunnen mij helpen in moeilijke situaties? Hoe los ik problemen op? Hoe zorg ik dat ik niet te veel eet tijdens de feestdagen?

Stap

Elke week bedenk je een stap om je leefstijl te verbeteren. Je gaat dan in de week daarna aan de slag met deze stap. We vinden het belangrijk dat je een stap gaat doen die haalbaar is en die je vol kunt houden. We maken een stap gericht op je voeding en een stap gericht op je beweging. Je ouders of opvoeders gaan je hierbij helpen.

Lunch

We lunchen tijdens elke bijeenkomst gezamenlijk. Voordat we gaan eten, bespreken we de maaltijd voor. Wat vind je moeilijk tijdens het eten? Waar wil je graag mee oefenen, bijvoorbeeld met het uitproberen van nieuw beleg?
Vervolgens gaan we lunchen en daarna gaan we bespreken hoe het is gegaan.

Psychomotorische Therapie

Na de lunch gaan we een uur naar de zaal voor Psychomotorische Therapie (PMT). Dit is een therapie in de vorm van sport en spel, in de gymzaal. Doordat we bewegen en oefeningen doen, kan je meer leren over jezelf en over je lichaam.
Tijdens de PMT bespreken we het beweegdagboek. Hierin houd jij dagelijks bij hoeveel en hoe je hebt bewogen.

Mijn gewichtsgrafiek

Plak hier je gewichtsgrafiek.

Groepsafspraken Baas over obesitas

Respect hebben voor elkaar

Eerlijk zijn

Zeggen als je iets niet begrijpt of als je iets raar vindt

Wat hier wordt besproken blijft in de groep
(dus gaat ook niet op social media)

Tijdens de behandeling gaan de telefoons uit

We bespreken alleen of gewichten omhoog of omlaag zijn gegaan, of hetzelfde zijn gebleven

Iedereen komt op tijd en met elkaar bewaken we de tijd

Wanneer je afwezig bent, belt een behandelaar je op om uit te leggen wat er is besproken

Als je niet komt, meld je je af bij _____

Mailadres: _____

Telefoonnummer: _____

We bespreken afspraken met je ouders of opvoeders in overleg met jou.

Wat wil ik bereiken in de behandeling?

Waarom wil ik dit?

Maaltijdbespreking 1

Waar ga ik vandaag op letten of aan werken?

Waar was ik tevreden over?

Wat kan ik nog verbeteren?

Compliment uit de groep:

Tip uit de groep:

Eetdagboek

Datum	Ontbijt	Tussendoor	Lunch	Tussendoor	Warme maaltijd	Tussendoor
	Wat en hoeveel heb ik gegeten en gedronken?					
Maandag						
Dinsdag						
Woensdag						
Donderdag						

Eetdagboek *(vervolg)*

Datum	Ontbijt	Tussendoor	Lunch	Tussendoor	Warme maaltijd	Tussendoor
Wat en hoeveel heb ik gegeten en gedronken?						
Vrijdag						
Zaterdag						
Zondag						

Beweegdagboek

Noteer per dag welke activiteit of sport je hebt gedaan.
Vergeet niet om op de schrijven hoe lang je hiermee bezig bent geweest.

Stap voor de komende week: _____

	Soort activiteit	Hoe hard heb je je ingezet? (rustig, matig, intensief)	Hoe lang?
Maandag			
Dinsdag			
Woensdag			
Donderdag			
Vrijdag			
Zaterdag			
Zondag			

Opdracht voor thuis na bijeenkomst 1

Denk thuis nog eens goed na over de volgende vragen:

1. Waarom wil ik dat mijn leven blijft zoals het is?

2. Waarom wil ik gezond leven?

Informatie voor bijeenkomst 2: Gezonde voeding

Variëren met verschillende voedingsmiddelen: de Schijf van Vijf

Om fit en gezond te blijven is het belangrijk om gezond te eten. Gezond eten is samen met voldoende bewegen de basis voor een gezond gewicht. Maar wat is gezond eten? Hiervoor is de Schijf van Vijf een makkelijk hulpmiddel. Het is nodig vanuit ieder vak van de Schijf van Vijf voldoende te eten.

De Schijf van Vijf bestaat uit vijf vakken:
- Vak 1   Groente en fruit
- Vak 2   Smeer- en bereidingsvetten
- Vak 3   Zuivel, noten, vis, peulvruchten, vlees en ei
- Vak 4   Brood, graanproducten en aardappelen
- Vak 5   Dranken

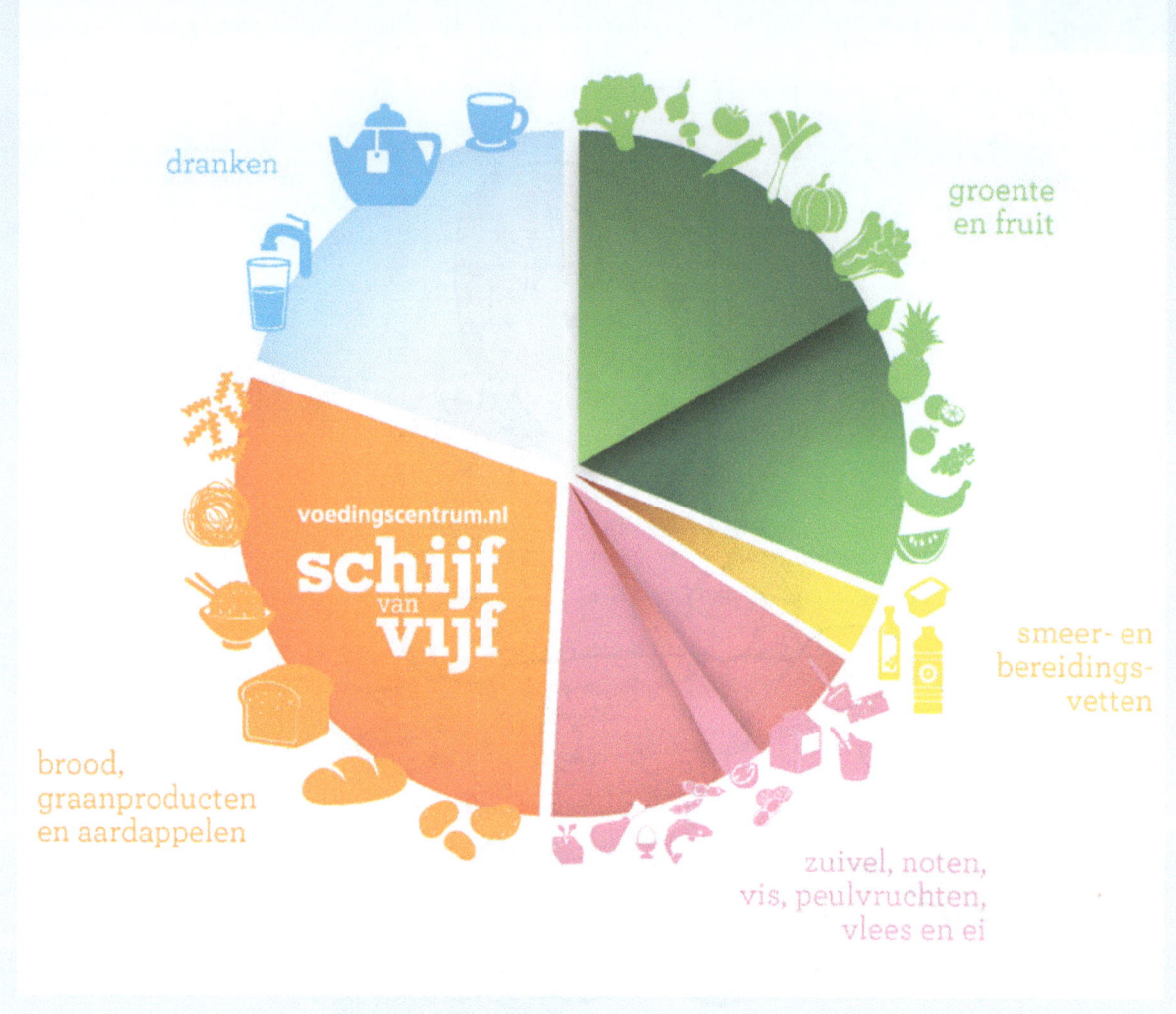

Bron: www.voedingscentrum.nl (2018)

Gevarieerd eten is nodig om je lichaam gezond te houden. Eet je steeds hetzelfde, dan is het lastig om alle benodigde voedingsstoffen binnen te krijgen. Voedingsstoffen zijn bijvoorbeeld vitamines en mineralen.

De Schijf van Vijf kan je goed helpen om gevarieerd te eten. Door elke dag iets te eten uit alle vakken van de schijf van vijf kun je gezond variëren. Om te variëren hoef je niet elke dag helemaal anders te eten, maar zorg er wel voor dat je niet heel lang achter elkaar dezelfde producten kiest.

INFORMATIE VOOR BIJEENKOMST 2: GEZONDE VOEDING

Stap voor week 2

Datum: _____

Mijn stap voor deze week is:

_____
_____
_____
_____
_____
_____
_____
_____

Wat heb ik nodig om deze stap te laten lukken?

_____
_____
_____
_____
_____
_____
_____
_____

Wanneer ben ik tevreden?

_____
_____
_____
_____
_____
_____
_____
_____

Stap voor week 2

Maaltijdbespreking 2

Waar ga ik vandaag op letten of aan werken?

Waar was ik tevreden over?

Wat kan ik nog verbeteren?

Compliment uit de groep:

Tip uit de groep:

Eetdagboek

Datum	Ontbijt	Tussendoor	Lunch	Tussendoor	Warme maaltijd	Tussendoor
	Wat en hoeveel heb ik gegeten en gedronken?					
Maandag						
Dinsdag						
Woensdag						
Donderdag						

Eetdagboek *(vervolg)*

Datum	Ontbijt	Tussendoor	Lunch	Tussendoor	Warme maaltijd	Tussendoor
	Wat en hoeveel heb ik gegeten en gedronken?					
Vrijdag						
Zaterdag						
Zondag						

Beweegdagboek

Noteer per dag welke activiteit of sport je hebt gedaan.
Vergeet niet om op de schrijven hoe lang je hiermee bezig bent geweest.

Stap voor de komende week: _____

	Soort activiteit	Hoe hard heb je je ingezet? (rustig, matig, intensief)	Hoe lang?
Maandag			
Dinsdag			
Woensdag			
Donderdag			
Vrijdag			
Zaterdag			
Zondag			

Opdracht voor thuis na bijeenkomst 2

Wat ga je doen?
Zoek tien producten en schrijf hieronder op bij welke schijf van de Schijf van Vijf het product hoort.

Product	Schijf van Vijf

Informatie voor bijeenkomst 3: De balans

Wanneer je te veel eet of drinkt, word je dikker. Je lichaam spaart alles op wat je te veel binnen krijgt. Als je niets doet, zal dit voor de rest van je leven zo blijven. Hieronder leggen we uit wat je kan doen om weer af te vallen. Je kan je lichaam vergelijken met een ouderwetse weegschaal.

Inname = alles wat je eet en drinkt.
Verbruik = alles wat je verbruikt. Je verbruikt energie door activiteiten te doen. Maar ook wanneer je in rust bent, verbruik je energie. Je moet tenslotte ademhalen, groeien, je spijsvertering werkt de hele dag door en je hart klopt de hele dag. Dat kost ook allemaal energie.

Wanneer je lichaam in evenwicht is, eet en drink je net zo veel als wat je lichaam verbruikt. Je komt niet aan, je valt niet af. Je blijft op hetzelfde gewicht.

Je lichaam kan ook uit evenwicht zijn. Dat kan op 2 manieren:

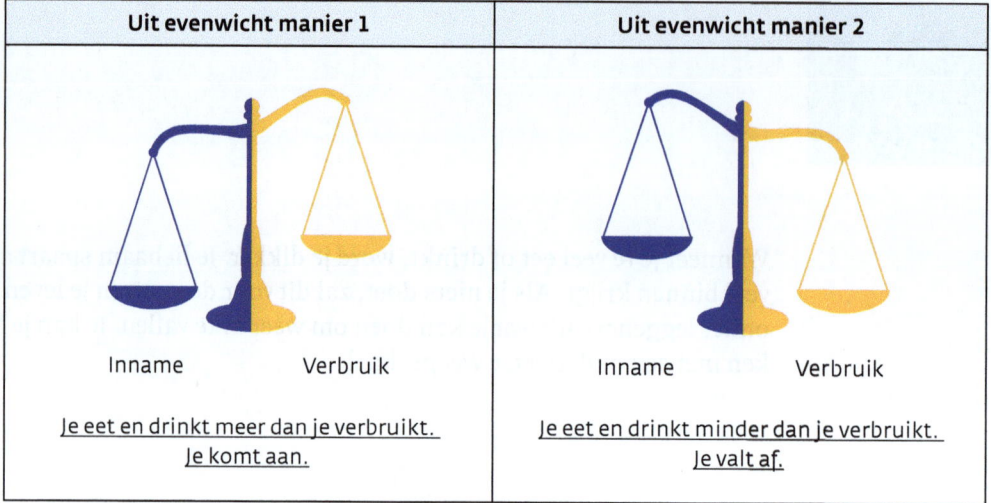

Uit evenwicht manier 1	Uit evenwicht manier 2
Inname — Verbruik	Inname — Verbruik
Je eet en drinkt meer dan je verbruikt. Je komt aan.	Je eet en drinkt minder dan je verbruikt. Je valt af.

Hoe kan je afvallen?
1. Door gezonder te eten. Gebruik hiervoor de Schijf van Vijf en je kennis over Rood, Oranje en Groen.
2. Door meer te bewegen. Wanneer je meer beweegt, verbruik je meer energie.

Extra informatie voor bijeenkomst 3: Regelmatig eten: voor jongeren met eetbuien

Wanneer je last hebt van eetbuien is een belangrijke eerste stap in je behandeling het toewerken naar een regelmatig eetpatroon.

Een regelmatig eetpatroon

Een regelmatig eetpatroon houdt in dat je drie keer per dag een maaltijd eet en daarnaast nog drie tussendoortjes. Het advies luidt om nooit langer dan drie uur niet te eten om honger te voorkomen.
Tussen de maaltijden en tussendoortjes door eet je niet. Het is handig om op vaste tijden te eten, want dat helpt je om de regelmaat vast te houden.

Wanneer je honger krijgt door te lang niet te eten vergroot je de kans op het krijgen van een eetbui. Daarmee houd je je probleem dus in stand. Je wilt graag van de eetbuien af.

Daarnaast is het zo dat wanneer je langere tijd niet eet, je stofwisseling (de snelheid waarmee je het eten verteert) trager wordt, omdat je lijf zuiniger omgaat met wat je eet. Juist door regelmatig te eten en goed te bewegen houd je je stofwisseling op peil.

Eetbuien en je stofwisseling

Veel jongeren die last hebben van eetbuien zijn bang dat ze aankomen als ze zo regelmatig eten. Dat is alleen zo als je meer eet dan je verbruikt. Als je overgewicht hebt zal dit niet zo snel gebeuren, zeker niet als je goed beweegt. In de meeste gevallen neemt je gewicht niet toe als je regelmatig eet. In tegendeel, vaak gebeurt het omgekeerde: na een tijdje regelmatig eten is de kans groot dat je minder eetbuien hebt en gaat je stofwisseling sneller werken omdat je lichaam nu op bepaalde tijden eten verwacht. Je valt dan af. Dat kan even duren omdat je lichaam moet wennen aan de regelmaat.

Stap voor week 3

Datum: _____

Mijn stap voor deze week is:

_____
_____
_____
_____
_____
_____
_____

Wat heb ik nodig om deze stap te laten lukken?

_____
_____
_____
_____
_____
_____
_____
_____
_____
_____

Wanneer ben ik tevreden?

_____
_____
_____
_____
_____
_____
_____
_____
_____
_____

Maaltijdbespreking 3

Waar ga ik vandaag op letten of aan werken?

Waar was ik tevreden over?

Wat kan ik nog verbeteren?

Compliment uit de groep:

Tip uit de groep:

Eetdagboek

Datum	Ontbijt	Tussendoor	Lunch	Tussendoor	Warme maaltijd	Tussendoor
	Wat en hoeveel heb ik gegeten en gedronken?					
Maandag						
Dinsdag						
Woensdag						
Donderdag						

Eetdagboek *(vervolg)*

Datum	Ontbijt	Tussendoor	Lunch	Tussendoor	Warme maaltijd	Tussendoor
	Wat en hoeveel heb ik gegeten en gedronken?					
Vrijdag						
Zaterdag						
Zondag						

Beweegdagboek

Noteer per dag welke activiteit of sport je hebt gedaan.
Vergeet niet om op de schrijven hoe lang je hiermee bezig bent geweest.

Stap voor de komende week: _____

	Soort activiteit	Hoe hard heb je je ingezet? (rustig, matig, intensief)	Hoe lang?
Maandag			
Dinsdag			
Woensdag			
Donderdag			
Vrijdag			
Zaterdag			
Zondag			

Opdracht voor thuis na bijeenkomst 3

Vandaag hebben we gesproken over het thema: Gezond kiezen.
De diëtist heeft met verschillende producten uitgelegd wat een gezonde keuze is (groen), wat een minder gezonde keuze is (oranje) en wat een keuze is die je beter niet kunt maken als je obesitas hebt (rood).
We hebben ook een spel gedaan met een groene hoepel, een oranje hoepel en een rode hoepel. Je moest kiezen welke producten in welke hoepel moesten liggen.

Je gaat nu thuis ook oefenen met het indelen van de producten. Je krijgt van ons een tijdschrift mee waar veel plaatjes in staan van eten en drinken.

Wat ga je doen?

- Knip verschillende plaatjes uit van voedingsmiddelen uit het tijdschrift.
- Bekijk de drie vakken op de volgende bladzijde.
- Plak producten die een gezonde keuze zijn in het groene vak.
- Plak producten die een minder gezonde keuze zijn in het oranje vak.
- Plak producten die een ongezonde keuze zijn in het rode vak. Als je obesitas hebt, kan je het best zo weinig mogelijk voor deze producten kiezen.
- Bespreek met je ouders of opvoeders wat je hebt opgeplakt.

Gezonde keuze

Minder gezonde keuze

Ongezonde keuze

Informatie voor bijeenkomst 4: Waarom bewegen?

Bewegen heeft veel voordelen. Het is goed voor je gezondheid en het hoort bij een gezonde leefstijl. Het is goed voor je spieren, je voelt je beter als je voldoende beweegt en het helpt bij het afvallen.

Bij sporten horen verschillende fases:
- Opwarming, dit is de eerste fase. Je warmt je spieren op door rustig te bewegen. Je hartslag gaat wat omhoog.
- Effectieve sportactiviteit, dit is het sporten, de tweede fase. Je lijf wordt steeds warmer en je gaat zweten. Je hartslag is heel hoog.
- Cooling down, dit is de derde fase. Je lijf moet weer afkoelen en je beweegt rustig. Je hartslag wordt weer langzamer.

Je kan op verschillende manieren sporten, van heel rustig tot keihard sporten. Dit noem je de intensiteit.

Er zijn vier verschillende soorten intensiteit, namelijk:
- Passieve inzet. Je bent heel rustig, je hartslag gaat niet omhoog. Je zweet niet.
- Lage intensiteit. Je hartslag gaat een klein beetje omhoog, je lijf wordt iets warmer. Je wordt hier niet moe van.
- Matige intensiteit. Je hartslag is nog wat hoger, je zweet een beetje, je beweegt goed, maar nog niet het maximale.
- Hoge intensiteit. Je hartslag is hoog, je zweet, je hebt het warm, harder sporten dan dit kan je niet.

Tips om het sporten leuker te maken:
- Sport met plezier. Mopperend en tegen je zin houd je het niet lang vol. Maak het leuker, bijvoorbeeld door te sporten samen met een vriend of vriendin.
- Vergeet niet voldoende te drinken tijdens en na het sporten.
- Als je niet gewend bent om te sporten is het beter om op een lage intensiteit te beginnen. Bouw langzaam op. Langzaam verbetert je conditie. Je kunt het langer volhouden en je kunt de intensiteit verhogen.

Stap voor week 4

Datum: _____

Mijn stap voor deze week is:

_____
_____
_____
_____
_____
_____
_____
_____

Wat heb ik nodig om deze stap te laten lukken?

_____
_____
_____
_____
_____
_____
_____
_____

Wanneer ben ik tevreden?

_____
_____
_____
_____
_____
_____
_____
_____

Stap voor week 4

Maaltijdbespreking 4

Waar ga ik vandaag op letten of aan werken?

Waar was ik tevreden over?

Wat kan ik nog verbeteren?

Compliment uit de groep:

Tip uit de groep:

Eetdagboek

Datum	Ontbijt	Tussendoor	Lunch	Tussendoor	Warme maaltijd	Tussendoor
Wat en hoeveel heb ik gegeten en gedronken?						
Maandag						
Dinsdag						
Woensdag						
Donderdag						

Eetdagboek *(vervolg)*

Datum	Ontbijt	Tussendoor	Lunch	Tussendoor	Warme maaltijd	Tussendoor
	Wat en hoeveel heb ik gegeten en gedronken?					
Vrijdag						
Zaterdag						
Zondag						

INFORMATIE VOOR BIJEENKOMST 4: WAAROM BEWEGEN?

Beweegdagboek

Noteer per dag welke activiteit of sport je hebt gedaan.
Vergeet niet om op de schrijven hoe lang je hiermee bezig bent geweest.

Stap voor de komende week: _____

	Soort activiteit	Hoe hard heb je je ingezet? (rustig, matig, intensief)	Hoe lang?
Maandag			
Dinsdag			
Woensdag			
Donderdag			
Vrijdag			
Zaterdag			
Zondag			

PMT: Pictionary

Kies uit de afbeelding hieronder een sport of beweegactiviteit en beeld deze uit.

INFORMATIE VOOR BIJEENKOMST 4: WAAROM BEWEGEN?

Opdracht voor thuis voor na bijeenkomst 4: Waarom bewegen?

Je hebt vandaag geleerd dat je op vier manieren kan sporten, namelijk:
- Passieve inzet. Je bent heel rustig, je hartslag gaat niet omhoog. Je zweet niet.
- Lage intensiteit. Je hartslag gaat een klein beetje omhoog, je lijf wordt iets warmer. Je wordt hier niet moe van.
- Matige intensiteit. Je hartslag is nog wat hoger, je zweet een beetje, je beweegt veel maar nog niet het maximale.
- Hoge intensiteit. Je hartslag is hoog, je zweet, je hebt het warm, harder sporten dan dit kan je niet.

Beantwoord de volgende vragen:
Welke van de volgende activiteiten vind je leuk en welke vind je helemaal niet leuk?
Leg ook uit waarom.
Geef daarnaast aan welke intensiteit deze activiteit volgens jou heeft.
Hierbij kan je kiezen uit:
- Passieve intensiteit,
- Lage intensiteit,
- Matige intensiteit,
- Hoge intensiteit.

TV kijken: leuk / niet leuk, omdat
_____
_____

Intensiteit: _____

Zwemmen: leuk / niet leuk, omdat
_____
_____

Intensiteit: _____

Computerspel spelen: leuk / niet leuk, omdat
_____
_____

Intensiteit: _____

Een boek lezen: leuk / niet leuk, omdat
_____
_____

Intensiteit: _____

Fietsen: leuk / niet leuk, omdat

_____

_____

Intensiteit: _____

Wandelen: leuk / niet leuk, omdat

_____

_____

Intensiteit: _____

Afwas doen: leuk / niet leuk, omdat

_____

_____

Intensiteit: _____

Met de auto rijden: leuk / niet leuk, omdat

_____

_____

Intensiteit: _____

Een gezelschapsspel doen: leuk / niet leuk, omdat

_____

_____

Intensiteit: _____

Een sportief spel doen: leuk / niet leuk, omdat

_____

_____

Intensiteit: _____

Lopen: leuk / niet leuk, omdat

_____

_____

Intensiteit: _____

Probeer de activiteiten die je niet graag doet leuker te maken:
- Afwassen met een leuk muziekje erbij
- Lopen met muziek
- Samen met een vriend of vriendin iets doen

Probeer ook meer bewegingen aan te brengen in de rustige activiteiten:
- Tv kijken en ondertussen op de hometrainer fietsen of andere oefeningen doen
- Tijdens de reclame tien keer om de tafel lopen of tien sit-ups doen

    of _____

    of _____

- Tijdens het leren, studeren of lezen om de twintig minuten de benen strekken of twee minuten touwtjespringen

Bedenk zelf nog een aantal dingen om actiever te leven:

- _____

- _____

- _____

- _____

- _____

Informatie voor bijeenkomst 5: Mijn lichaam en houding

Je hebt **lichaamsdelen**, zoals je hoofd, armen, benen en buik.
Je hebt **gewrichten**, waardoor je bijvoorbeeld je armen en benen kunt buigen en strekken.
Je hebt **spieren**, die het mogelijk maken dat je kunt bewegen.

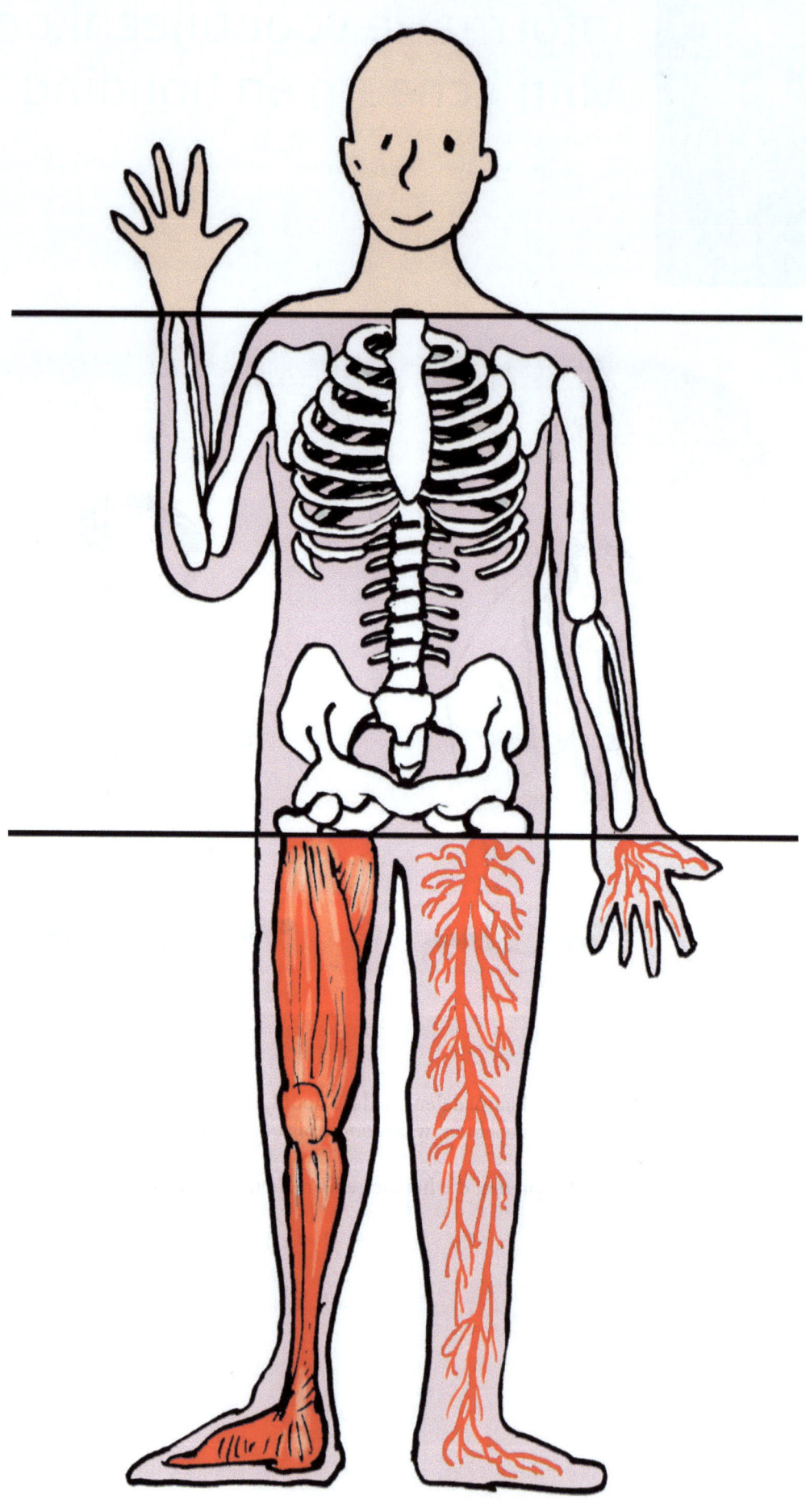

Een goede houding is belangrijk, vooral als je overgewicht hebt. Zo voorkom je lichamelijke klachten!

Let op:
- Dat je voeten goed recht staan
- Dat je lichaamsgewicht verdeeld is over beide voeten
- Dat je romp zo recht mogelijk is
- Dat je hoofd recht is
- Dat je billen niet te ver naar achteren steken
- Dat je de natuurlijke kromming van je rug behoudt

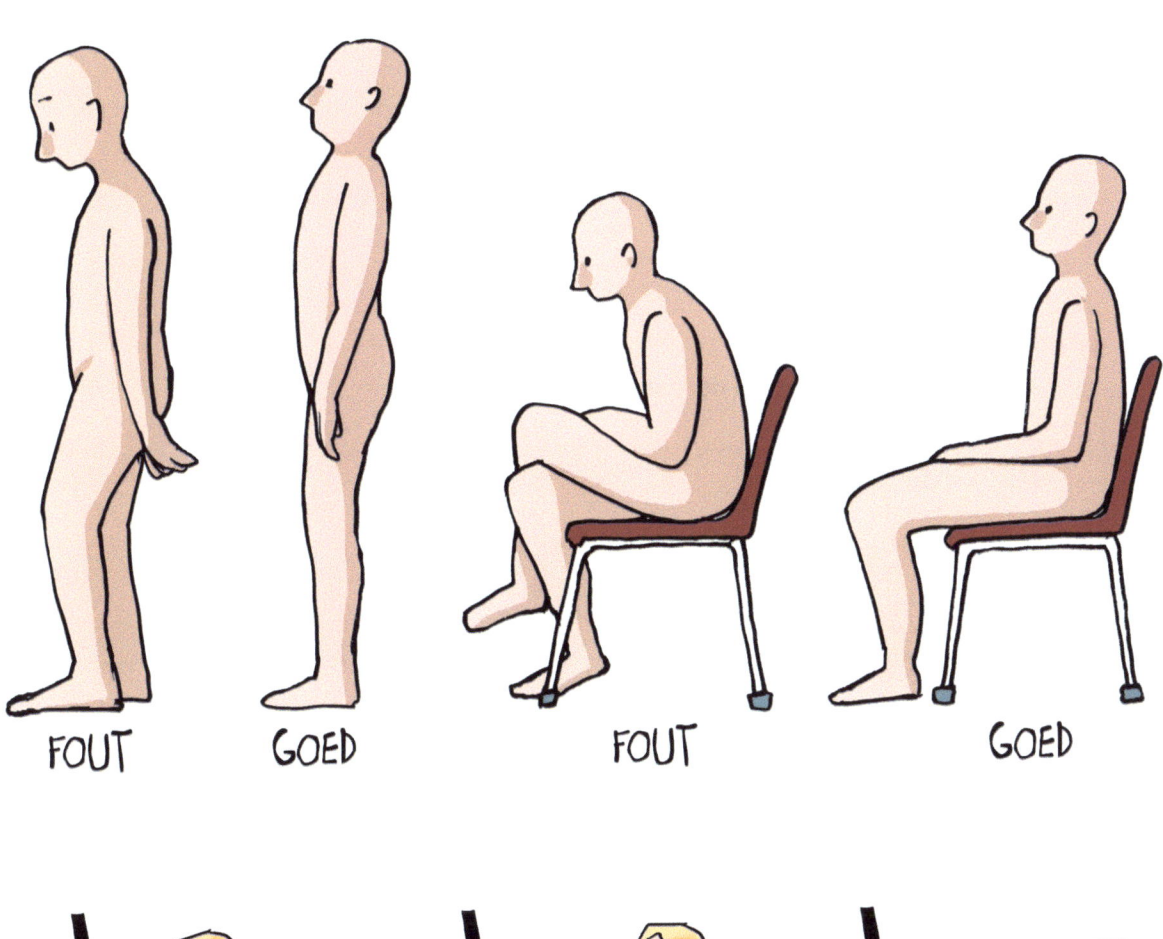

Stap voor week 5

Datum: _____

Mijn stap voor deze week is:
_____
_____
_____
_____
_____
_____
_____
_____
_____

Wat heb ik nodig om deze stap te laten lukken?
_____
_____
_____
_____
_____
_____
_____
_____
_____

Wanneer ben ik tevreden?
_____
_____
_____
_____
_____
_____
_____
_____
_____

Maaltijdbespreking 5

Waar ga ik vandaag op letten of aan werken?

Waar was ik tevreden over?

Wat kan ik nog verbeteren?

Compliment uit de groep:

Tip uit de groep:

Eetdagboek

Datum	Ontbijt	Tussendoor	Lunch	Tussendoor	Warme maaltijd	Tussendoor
	Wat en hoeveel heb ik gegeten en gedronken?					
Maandag						
Dinsdag						
Woensdag						
Donderdag						

INFORMATIE VOOR BIJEENKOMST 5: MIJN LICHAAM EN HOUDING

Eetdagboek *(vervolg)*

Datum	Ontbijt	Tussendoor	Lunch	Tussendoor	Warme maaltijd	Tussendoor
	Wat en hoeveel heb ik gegeten en gedronken?					
Vrijdag						
Zaterdag						
Zondag						

Beweegdagboek

Noteer per dag welke activiteit of sport je hebt gedaan.
Vergeet niet om op de schrijven hoe lang je hiermee bezig bent geweest.

Stap voor de komende week: _____

	Soort activiteit	Hoe hard heb je je ingezet? (rustig, matig, intensief)	Hoe lang?
Maandag			
Dinsdag			
Woensdag			
Donderdag			
Vrijdag			
Zaterdag			
Zondag			

Voedingsadvies

Plak hier je voedingsadvies en bespreek het met je ouders of opvoeders.

Opdracht voor thuis na bijeenkomst 5

Beantwoord de volgende vragen:

1. Waarom vind ik sporten en bewegen belangrijk?

   _____
   _____
   _____
   _____
   _____
   _____

2. Wat vind ik moeilijk aan sporten? Dit kunnen moeilijkheden zijn die te maken hebben met mijn overgewicht, maar dat hoeft niet.

   _____
   _____
   _____
   _____
   _____
   _____
   _____

3. Welke sporten ken ik allemaal? Noem er minstens vijf.

   _____
   _____
   _____
   _____
   _____
   _____

4. Welke spieren gebruik ik vooral als ik deze sporten doe (denk aan armspieren, beenspieren, buikspieren enz.)?
   Voorbeeld: wandelen -> beenspieren

   _____
   _____
   _____
   _____
   _____

Informatie voor bijeenkomst 6: Situatie, Gedrag, Gevolg

Een SGG-schema helpt je om beter te begrijpen waarom je doet wat je doet. Wat je doet, doe je in een bepaalde situatie. Die situatie heeft invloed op jouw gedrag. Dit kan helpen, maar soms ook juist niet. Ook heeft je gedrag gevolgen. Er zijn fijne gevolgen die ervoor zorgen dat je vaker bepaald gedrag laat zien. Er zijn ook gevolgen van je gedrag die niet fijn zijn. Als dat zo is, zal je je niet gauw weer zo gedragen.

Een voorbeeld:

Situatie	Gedrag	Gevolg
Ik ben alleen thuis en verveel me. Er is een zak chips in huis voor het weekend.	Ik eet de chips op.	Ik vind het lekker. Ik baal dat ik het heb gedaan. Ik ben niet gezond bezig. Mijn ouders en zusje zijn boos op mij.

Je kan dingen veranderen, waardoor je makkelijker gezonde keuzes maakt:

Situatie	Gedrag	Gevolg
Ik ben alleen thuis en heb afgesproken met een vriend te gaan voetballen. De chips voor het weekend kopen we pas vrijdagmiddag. Mijn moeder heeft een koekje voor me klaar gelegd.	Ik eet het koekje en ga voetballen.	Ik vind het koekje lekker. Ik ben trots op mezelf. Ik ben gezond bezig. Mijn ouders en zusje zijn blij en trots op mij.

Te veel eten is vaak op de korte termijn fijn, want het is bijvoorbeeld lekker. Maar op de lange termijn geeft dit problemen, zoals overgewicht.

Wanneer je een SGG-schema invult, kan je goed zien waarom sommige dingen misgaan. Je kunt op een makkelijke manier onderzoeken of je de situatie kunt veranderen om daarmee je gedrag te veranderen en een fijner gevolg te krijgen. Je kan ook zorgen voor een fijn gevolg. Zo help je jezelf om je gedrag te veranderen.

Stap voor week 6

Datum: _____

Mijn stap voor deze week is:

Wat heb ik nodig om deze stap te laten lukken?

Wanneer ben ik tevreden?

Maaltijdbespreking 6

Waar ga ik vandaag op letten of aan werken?

Waar was ik tevreden over?

Wat kan ik nog verbeteren?

Compliment uit de groep:

Tip uit de groep:

Eetdagboek

Datum	Ontbijt	Tussendoor	Lunch	Tussendoor	Warme maaltijd	Tussendoor
Wat en hoeveel heb ik gegeten en gedronken?						
Maandag						
Dinsdag						
Woensdag						
Donderdag						

Eetdagboek *(vervolg)*

Datum	Ontbijt	Tussendoor	Lunch	Tussendoor	Warme maaltijd	Tussendoor
	Wat en hoeveel heb ik gegeten en gedronken?					
Vrijdag						
Zaterdag						
Zondag						

Beweegdagboek

Noteer per dag welke activiteit of sport je hebt gedaan.
Vergeet niet om op de schrijven hoe lang je hiermee bezig bent geweest.

Stap voor de komende week: _____

	Soort activiteit	Hoe hard heb je je ingezet? (rustig, matig, intensief)	Hoe lang?
Maandag			
Dinsdag			
Woensdag			
Donderdag			
Vrijdag			
Zaterdag			
Zondag			

Opdracht voor thuis na bijeenkomst 6:

Dit is een opdracht die je samen gaat doen met je ouder(s) of opvoeder(s)!

Beschrijf een situatie rond eten of bewegen waar je tevreden over bent. Vul dit in in het SGG-schema: Zo gaat het goed! (1)

Beschrijf een situatie rond eten of bewegen waar je niet tevreden over bent. Vul dit in in het SGG-schema: Zo gaat het mis! (2)

Bekijk vervolgens hoe je de situatie waar het mis gaat kunt veranderen, zodat het makkelijker wordt om een goede keuze te maken. Schrijf dit op in het SGG-schema: Zo gaat het goed! (3):
Wat kun je zelf doen?
Wat kan je omgeving doen om jou te helpen?

Voorbeeld SGG-schema:

Zo gaat het mis!

Situatie	Gedrag	Gevolg
Waar ben je? Ik ben op de verjaardag van mijn oma. Wat gebeurt er? We zitten aan tafel, daar staan allemaal lekkere hapjes en een bak chips. We praten en lachen en iedereen eet. Met wie ben je? Ik ben met mijn ouders en broer en zusje. Mijn oma en ooms, tantes en mijn nicht zijn er ook.	Wat gaat er mis? Ik eet heel veel chips en hapjes tot ik misselijk ben.	Wat gebeurt er door je gedrag? Ik geniet van het eten, maar voel me niet fijn. Ik baal ervan en mijn ouders zijn boos dat ik zoveel heb gegeten. Ik kom verder aan en ben verdrietig. Wat is er fijn? Ik vond het eten wel lekker tot ik misselijk werd. Wat is er niet fijn? Ik ben misselijk, baal en ben erg verdrietig. Mijn ouders zijn boos en ik kom aan.

Voorbeeld SGG-schema:

Zo gaat het goed!

Situatie	Gedrag	Gevolg
Waar ben je? Ik ben op de verjaardag van mijn oma. Wat gebeurt er? We zitten aan tafel, daar staan allemaal lekkere hapjes en een bak chips. We praten en lachen en iedereen eet. We hebben vooraf een plan gemaakt wat ik ga eten. Mijn moeder zit naast me en helpt me. Mijn oma heeft voor mij een bordje met een paar chipjes en toastjes. Ze heeft cola light voor me gekocht. Het eten staat niet voor mijn neus. Met wie ben je? Ik ben met mijn ouders en broer en zusje. Mijn oma en ooms, tantes en mijn nicht zijn er ook.	Wat doe je goed? Ik eet de hapjes van mijn bordje. Ik eet langzaam en drink twee glazen cola light.	Wat gebeurt er door je gedrag? Ik ben trots en ik eet gezond. Ik kom niet aan. Ik weet dat ik het kan. Wat is er fijn? Ik ben blij en trots. Ik kan verder afvallen en weet dat ik dit kan. Ik krijg complimenten. Wat is er niet fijn? Ik vind het jammer van al dat lekkere eten wat ik niet kan eten. Wat kan je omgeving doen om je gedrag te belonen? Ze geven me een compliment en zijn ook trots op me.

INFORMATIE VOOR BIJEENKOMST 6: SITUATIE, GEDRAG, GEVOLG   **69**

SGG-schema:

Zo gaat het goed! (1)

Situatie	Gedrag	Gevolg
Waar ben je? Wat gebeurt er? Met wie ben je?	Wat doe je goed?	Wat gebeurt er door je gedrag? Wat is er fijn? Wat is er niet fijn? Wat kan je omgeving doen om je gedrag te belonen?

SGG-schema:

Zo gaat het mis! (2)

Situatie	Gedrag	Gevolg
Waar ben je?	Wat gaat er mis?	Wat gebeurt er door je gedrag?
		Wat is er fijn?
Wat gebeurt er?		
		Wat is er niet fijn?
Met wie ben je?		

INFORMATIE VOOR BIJEENKOMST 6: SITUATIE, GEDRAG, GEVOLG

SGG-schema:

Zo gaat het goed! (3)

Situatie	Gedrag	Gevolg
Waar ben je? Wat gebeurt er? Met wie ben je?	Wat doe je goed?	Wat gebeurt er door je gedrag? Wat is er fijn? Wat is er niet fijn? Wat kan je omgeving doen om je gedrag te belonen?

Opdracht voor thuis als voorbereiding op Bijeenkomst 7: Probleem oplossen

Deze opdracht is een voorbereiding voor volgende week.
Je gaat een beweegprobleem of een eetprobleem opschrijven.

Beschrijf een situatie rond eten of bewegen waar je niet tevreden over bent. Vul die in in het SGG-schema: **Zo gaat het mis!** op de volgende bladzijde.

Volgende week bekijken we samen hoe je deze situatie zo kunt veranderen dat het makkelijker wordt om een goede keuze te maken.
Wat kun je zelf doen? Wat kan je omgeving doen om jou te helpen?

Hier nog een voorbeeld: **Zo gaat het mis!**

Situatie	Gedrag	Gevolg
Waar ben je? *Ik ben thuis. Ik zit op de bank.* Wat gebeurt er? *Buiten regent het. Ik moet met de hond wandelen van mijn vader.* Met wie ben je? *Ik ben samen met mijn zus en mijn vader.*	Wat gaat er mis? *Ik blijf op de bank zitten en kijk tv. Ik ga niet met de hond wandelen.*	Wat gebeurt er door je gedrag? *Mijn vader is boos, hij gaat met de hond wandelen. Ik ben ook boos, omdat ik geen zin heb. Ik baal ervan. Ik ben niet tevreden met mezelf.* Wat is er fijn? *Ik word niet nat van de regen.* Wat is er niet fijn? *Ik houd me niet aan de afspraak, want ik beweeg vandaag niet genoeg. Ik heb geen gezonde leefstijl, dus val niet af.*

SGG-schema:

Zo gaat het mis!

Situatie	Gedrag	Gevolg
Waar ben je?	Wat gaat er mis?	Wat gebeurt er door je gedrag?
Wat gebeurt er?		Wat is er fijn?
Met wie ben je?		Wat is er niet fijn?

Informatie voor bijeenkomst 7: Probleem oplossen

Je wilt graag leren om gezond te eten en voldoende te bewegen en dit vol te houden. Dit gaat niet altijd vanzelf, je komt wel eens een probleem tegen.

Je hebt vast al gemerkt dat je soms zo'n zin in eten krijgt dat je het niet kunt laten. Of dat je wel weet dat het goed zou zijn om te gaan sporten, maar je gaat toch niet. Dit zijn moeilijke momenten.

Om ervoor te zorgen dat je beter leert omgaan met moeilijke momenten is het belangrijk om na te denken over andere oplossingen.

Bijvoorbeeld: als je zin hebt om te snoepen kan je nadenken over gezonde oplossingen. Je kan bijvoorbeeld:
- Zorgen dat er alleen gezond eten in huis is.
- Met iemand bespreken dat je het moeilijk hebt en hulp vragen.
- Gaan wandelen of fietsen.
- Een spelletje gaan doen.
- Opschrijven waarom je graag gezond wil kiezen.

Problemen oplossen doe je zo:

Stap 1: Wat is je probleem?
Stap 2: Wat is je doel?
Stap 3: Brainstormen over mogelijke oplossingen.
Stap 4: Kan het? Helpt het? Scoren van 0-10.
Stap 5: Kies de beste oplossing en doe het.
Stap 6: Is het gelukt?
　　　　Ja: klaar.
　　　　Nee: kies een andere oplossing.

Opdracht voor tijdens de bijeenkomst Probleem oplossen

Problemen: Hoe los je ze op?

De ene oplossing is beter dan de andere. Hoe kom je erachter of een oplossing handig is om uit te proberen?

Wat is het probleem?

_____
_____

Wat is je doel?

_____
_____

Brainstorm over oplossingen:

Oplossing 1: _____
Oplossing 2: _____
Oplossing 3: _____
Oplossing 4: _____
Oplossing 5: _____
Oplossing 6: _____

Oplossing 1:
Kan het?
Score: 0-10: _____
Helpt het?
Score: 0-10: _____

Oplossing 2:
Kan het?
Score: 0-10: _____
Helpt het?
Score: 0-10: _____

Oplossing 3:
Kan het?
Score: 0-10: _____
Helpt het?
Score: 0-10: _____

Oplossing 4:
Kan het?
Score: 0-10: _____
Helpt het?
Score: 0-10: _____

Oplossing 5:
Kan het?
Score: 0-10: _____
Helpt het?
Score: 0-10: _____

Oplossing 6:
Kan het?
Score: 0-10: _____
Helpt het?
Score: 0-10: _____

Kies nu de beste oplossing uit en maak een plan om het te doen!

Heeft het gewerkt?
Ja: dan ben je klaar.
Nee: kies dan een andere oplossing en kijk of die werkt.

Stap voor week 7

Datum: _____

Mijn stap voor deze week is:

_____
_____
_____
_____
_____
_____
_____
_____

Wat heb ik nodig om deze stap te laten lukken?

_____
_____
_____
_____
_____
_____
_____
_____

Wanneer ben ik tevreden?

_____
_____
_____
_____
_____
_____
_____
_____

Maaltijdbespreking 7

Waar ga ik vandaag op letten of aan werken?

Waar was ik tevreden over?

Wat kan ik nog verbeteren?

Compliment uit de groep:

Tip uit de groep:

Eetdagboek

Datum	Ontbijt	Tussendoor	Lunch	Tussendoor	Warme maaltijd	Tussendoor
	Wat en hoeveel heb ik gegeten en gedronken?					
Maandag						
Dinsdag						
Woensdag						
Donderdag						

Eetdagboek *(vervolg)*

Datum	Ontbijt	Tussendoor	Lunch	Tussendoor	Warme maaltijd	Tussendoor
	Wat en hoeveel heb ik gegeten en gedronken?					
Vrijdag						
Zaterdag						
Zondag						

INFORMATIE VOOR BIJEENKOMST 7: PROBLEEM OPLOSSEN

Beweegdagboek

Noteer per dag welke activiteit of sport je hebt gedaan.
Vergeet niet om op de schrijven hoe lang je hiermee bezig bent geweest.

Stap voor de komende week: _____

	Soort activiteit	Hoe hard heb je je ingezet? (rustig, matig, intensief)	Hoe lang?
Maandag			
Dinsdag			
Woensdag			
Donderdag			
Vrijdag			
Zaterdag			
Zondag			

Informatie voor bijeenkomst 8: Helpende en niet-helpende gedachten

Hoe je denkt over jezelf en over een situatie kan je gedrag beïnvloeden.
Dit kan op twee manieren:
1) Je kan helpende gedachten hebben die jou helpen om een gezonde keuze te maken.
2) Je kan niet-helpende gedachten hebben die ervoor zorgen dat je een ongezonde keuze maakt.

Jij kan zinnetjes bedenken waardoor jij jezelf kan helpen om je doel te bereiken. Dit noemen we **helpende gedachten**. Als jij helpende gedachten gebruikt, kan je gezonde keuzes maken.

Jij kan ook zinnetjes bedenken waardoor jij jezelf niet helpt om je doel te bereiken. Dit noemen we **niet-helpende gedachten.** Vaak zijn dit 'smoesjes'.
Als jij veel niet-helpende gedachten hebt, dan wordt het erg moeilijk om gezonde keuzes te maken en je doel te bereiken.

Jij wilt de juiste keuzes maken omdat je een gezonde leefstijl wilt en wilt afvallen. Daar heb je helpende gedachten bij nodig!

Een voorbeeld

Je bent op de verjaardag van je oma en je krijgt een stuk taart aangeboden.

Stel dat je denkt: 'Het mag wel een keer, het ziet er zo lekker uit!'
De kans is dan groot dat je een stuk taart neemt.
Dit is een niet-helpende gedachte.

Stel dat je denkt: 'Ik wil gezond leven en afvallen, oma heeft vast wel een klein koekje, die ik ook lekker vind'.
Als je dit denkt is de kans groot dat je het stuk taart niet neemt en gezond kiest.
Dit is een helpende gedachte.

Bij het maken van gezonde keuzes kan je gebruik maken van **helpend gedrag**:
Wat kun je doen waardoor het makkelijker wordt de gezonde keuzes te maken?
Bijvoorbeeld:
- Je kunt iemand vragen om je te helpen herinneren op een moeilijk moment dat je graag wilt afvallen.
- Je kunt vragen of je ouders of opvoeders niet te veel in huis willen halen.
- Je kunt op een feestje een stuk van de tafel vandaan gaan zitten waar hapjes op staan.

Opdracht tijdens bijeenkomst 8: Helpende en niet-helpende gedachten

Voorbeeld 1:
Marijke gaat voor het eerst naar deze behandelgroep. Ze is erg zenuwachtig want ze kent niemand.

Stel dat ze denkt:
'Er zijn vast meer jongeren in de groep die niemand kennen en zenuwachtig zijn.'
Is dit een helpende of niet-helpende gedachte?

Stel dat Marijke denkt:
'Ik ben zo zenuwachtig, straks kom ik niet uit mijn woorden of word ik rood als ze me iets vragen. Ik zeg maar niks.'
Is dit een helpende of niet-helpende gedachte?
....

Voorbeeld 2:
Je bent op de verjaardag van je oma en je krijgt een stuk taart aangeboden.

Stel dat je denkt:
'Het is onbeleefd om nee te zeggen tegen een traktatie, straks wordt oma boos.'
Is dit een helpende of niet-helpende gedachte?

Stel dat je denkt:
'De vorige keer dat ik 'nee' zei tegen een traktatie werd niemand boos.'
Is dit een helpende of niet-helpende gedachte?

Voorbeeld 3:
Je komt thuis na een lange dag op school en je gaat op de bank zitten. Eigenlijk had je afgesproken om te gaan sporten, maar nu ben je erg moe.
Stel je voor dat je denkt:
'Ik ben moe. Ik heb recht op ontspanning na een lange schooldag.'
Is dit een helpende of niet-helpende gedachte?

Stel dat je denkt: 'Ik wil graag gezond leven en daarom is sport belangrijk. Als ik er ben, vind ik het leuk!'
Is dit een helpende of niet-helpende gedachte?

Voorbeeld 4:
Els heeft vandaag zakgeld gekregen en gaat naar de supermarkt met haar klasgenoten. De klasgenoten kopen blikjes frisdrank en chips.
Els wil graag gezond leven en daardoor afvallen.

Bedenk een niet–helpende gedachte die Els kan hebben:
___
___
___

Bedenk een helpende gedachte die Els kan hebben:
___
___
___

Wat kan Els doen waardoor het makkelijker voor haar wordt om een gezonde keuze te maken?
___
___
___

Voorbeeld 5:
Hans heeft ruzie gehad met zijn moeder. Hij zit hierdoor niet lekker in zijn vel en gaat snoep eten om zich beter te voelen.

Bedenk een niet-helpende gedachte die Hans kan hebben:
___
___
___

Bedenk een helpende gedachte die Hans kan hebben:
___
___
___

Wat kan Hans doen waardoor het makkelijker voor hem wordt een gezonde keuze te maken?
___
___
___

**Merk je dat hoe je denkt veel invloed heeft op wat je doet?
Merk je ook dat je dingen kunt denken waardoor het makkelijker wordt gezonde keuzes te maken?**

Stap voor week 8

Datum: _____

Mijn stap voor deze week is:

Wat heb ik nodig om deze stap te laten lukken?

Wanneer ben ik tevreden?

Maaltijdbespreking 8

Waar ga ik vandaag op letten of aan werken?

Waar was ik tevreden over?

Wat kan ik nog verbeteren?

Compliment uit de groep:

Tip uit de groep:

Eetdagboek

Datum	Wat en hoeveel heb ik gegeten en gedronken?						
	Ontbijt	Tussendoor	Lunch	Tussendoor	Warme maaltijd	Tussendoor
Maandag						
Dinsdag						
Woensdag						
Donderdag						

Eetdagboek *(vervolg)*

Datum	Ontbijt	Tussendoor	Lunch	Tussendoor	Warme maaltijd	Tussendoor
	Wat en hoeveel heb ik gegeten en gedronken?					
Vrijdag						
Zaterdag						
Zondag						

INFORMATIE VOOR BIJEENKOMST 8: HELPENDE EN NIET-HELPENDE GEDACHTEN

Beweegdagboek

Noteer per dag welke activiteit of sport je hebt gedaan.
Vergeet niet om op de schrijven hoe lang je hiermee bezig bent geweest.

Stap voor de komende week: _____

	Soort activiteit	Hoe hard heb je je ingezet? (rustig, matig, intensief)	Hoe lang?
Maandag			
Dinsdag			
Woensdag			
Donderdag			
Vrijdag			
Zaterdag			
Zondag			

Opdracht voor thuis na bijeenkomst 8: Helpende en niet-helpende gedachten

Je kunt helpende gedachten en helpend gedrag gebruiken om je doel te bereiken. Daar ga je deze week mee oefenen.

Schrijf deze week drie situaties op waarin het jou lukte om een gezonde keuze te maken met behulp van een helpende gedachte.

Schrijf op wat er gebeurde:

Situatie 1: _____

Situatie 2: _____

Situatie 3: _____

Schrijf op wat je helpende gedachte was:

Helpende gedachte 1: _____

Helpende gedachte 2: _____

Helpende gedachte 3: _____

Schrijf een aantal niet-helpende gedachten op die je bij deze situaties kan bedenken:

Niet-helpende gedachte 1: _____

Niet-helpende gedachte 2: _____

Niet-helpende gedachte 3: _____

INFORMATIE VOOR BIJEENKOMST 8: HELPENDE EN NIET-HELPENDE GEDACHTEN   95

Schrijf hieronder niet-helpende gedachten op en zet er een helpende gedachte tegenover:

Voorbeelden van niet-helpende gedachten: het mag wel een keertje, gisteren heb ik het ook al goed gedaan, het is toch al mis gegaan, het lukt me toch niet, ik ben toch al dik, ik heb geen zin, het regent, ik ben moe, ik moet ook ontspannen.

Niet-helpende gedachten: **Helpende gedachten die ik daar tegenover kan zetten:**

Informatie voor bijeenkomst 9: Feestdagen en feestjes

Als het feest is, eten en drinken mensen vaak veel meer dan anders. Ook eten ze dan vaak ongezonde dingen. Dit helpt natuurlijk niet als je gezond wilt leven en afvallen. Daarom hebben we het vandaag over gezonde hapjes. We gaan ze zelf maken en proeven. Hieronder lees je de recepten.

Een slanke versie van crème fraîche voor op een toastje

Wat heb je nodig:
- 1 bakje cottage cheese
- 2 eetlepels water
- zout
- peper
- 3 lente-uitjes
- 2 paprika's
- toastjes

Wat ga je doen?
1. Doe de cottage cheese in een bakje.
2. Roer er twee eetlepels water door heen.
3. Roer een half theelepeltje zout door de cottage cheese.
4. Roer een half theelepeltje peper door de cottage cheese.
5. Snijd de lente-uitjes in stukjes. Deze roer je ook door de cottage cheese.
6. Snijd de paprika's in kleine blokjes. Deze roer je ook door de cottage cheese.
7. Smeer dit mengseltje op een volkorentoastje.

Een eitje omwikkeld met rookvlees

Wat heb je nodig:
- 1 ei per persoon
- 4 plakjes rookvlees per persoon

Wat ga je doen?
- Kook het ei tien minuten.
- Pel het ei.
- Snijd het ei in vier stukjes.
- Wikkel elk stukje ei in een plakje rookvlees.

Fruitspiesjes

Wat heb je nodig?
- aardbeien
- ananas in stukjes
- meloen in stukjes
- druiven
- sinaasappel
- houten satéprikkers
- Je kan natuurlijk ook andere fruitsoorten nemen, als jij die lekkerder vindt.

Wat ga je doen?
- Doe de stukjes fruit op de satéprikker. Je krijgt zo een fruitspiesje.

Meloen met rauwe ham

Wat heb je nodig?
- 1 galiameloen
- rauwe ham
- kleine houten prikkertjes

Wat ga je doen?
- Snijd de meloen in kleine blokjes.
- Wikkel de blokjes meloen in een plakje rauwe ham.
- Maak de plakjes rauwe ham vast met een prikkertje.

Stap voor week 9

Datum: _____

Mijn stap voor deze week is:
_____
_____
_____
_____
_____
_____
_____
_____
_____

Wat heb ik nodig om deze stap te laten lukken?
_____
_____
_____
_____
_____
_____
_____
_____
_____

Wanneer ben ik tevreden?
_____
_____
_____
_____
_____
_____
_____
_____
_____

Maaltijdbespreking 9

Waar ga ik vandaag op letten of aan werken?

Waar was ik tevreden over?

Wat kan ik nog verbeteren?

Compliment uit de groep:

Tip uit de groep:

Eetdagboek

Datum	Ontbijt	Tussendoor	Lunch	Tussendoor	Warme maaltijd	Tussendoor
	Wat en hoeveel heb ik gegeten en gedronken?					
Maandag						
Dinsdag						
Woensdag						
Donderdag						

Eetdagboek *(vervolg)*

Datum	Ontbijt	Tussendoor	Lunch	Tussendoor	Warme maaltijd	Tussendoor
	Wat en hoeveel heb ik gegeten en gedronken?					
Vrijdag						
Zaterdag						
Zondag						

Beweegdagboek

Noteer per dag welke activiteit of sport je hebt gedaan.
Vergeet niet om op de schrijven hoe lang je hiermee bezig bent geweest.

Stap voor de komende week: _____

	Soort activiteit	Hoe hard heb je je ingezet? (rustig, matig, intensief)	Hoe lang?
Maandag			
Dinsdag			
Woensdag			
Donderdag			
Vrijdag			
Zaterdag			
Zondag			

INFORMATIE VOOR BIJEENKOMST 9: FEESTDAGEN EN FEESTJES

Opdracht voor thuis als voorbereiding op bijeenkomst 10: Anders dan anders: feestdagen en vakanties

De volgende keer gaan we het hebben over het maken van een plan voor feestdagen en vakanties. Daarom willen we graag weten wat jouw plannen zijn.

Bespreek met je ouders of opvoeders wat jullie de komende feestdagen gaan eten en drinken. Bespreek ook wat jullie die dagen gaan doen.

Wat wij gaan eten en drinken:

Dit gaan wij doen:

Informatie voor bijeenkomst 10: Anders dan anders: feestdagen en vakanties

Tips om gezonder te eten op feestdagen

Iedereen vindt het fijn om lekker te eten tijdens feestdagen. Vaak is er dan veel lekkers in huis en is het erg moeilijk om hiervan af te blijven.

- Maak van tevoren een plan over welke en hoeveel tussendoortjes je mag eten en maak hierover afspraken met bijvoorbeeld je ouders of opvoeders.
- Eet op feestdagen de drie normale maaltijden per dag die je gewend bent. Eet ze ook op normale tijden. Zo voorkom je dat je honger krijgt en te veel tussendoortjes eet.
- Zorg ervoor dat er niet door het hele huis lekkere tussendoortjes staan. Als je zin hebt in een tussendoortje, neem dit dan en berg de rest daarna weer op. Zo voorkom je dat je er te lang van door blijft eten.

- Haal alleen een paar tussendoortjes in huis die je echt lekker vindt, in plaats van heel veel verschillende.
- Eet de lekkere tussendoortjes alleen op feestdagen zelf. Doe ze daarna weer weg. Als je minder koopt en goed nadenkt over de boodschappen, hoef je na feestdagen ook niet veel weg te gooien.

Tips om gezonder te eten op feestjes

Op feestjes staan er meestal veel lekkere hapjes op tafel. Daarnaast is er vaak ook taart. Het kan dan erg moeilijk zijn om niet te veel te eten.

- Om te voorkomen dat je te veel eet op een verjaardag is het slim om van tevoren gewoon te eten volgens je voedingsadvies. Dit zorgt ervoor dat je met een voller gevoel naar het feestje gaat en minder trek hebt. Sla dus geen maaltijden over.
- Als je een stukje taart neemt, doe dit dan in plaats van een van je tussendoortjes. Zo zorg je ervoor dat je niet te veel extra calorieën binnen krijgt.
- Kies voor een stukje taart waar zo min mogelijk calorieën in zitten. Neem bijvoorbeeld vruchtenvlaai of rijstevlaai in plaats van slagroomtaart.
- Ga wat verder van de hapjes af zitten.

Opdracht bij bijeenkomst 10:
Mijn plan voor feestdagen en vakanties

Feestdag:

Eten en drinken:

Bewegen:

Wat kan ik tegen mezelf zeggen om mijn plan te laten lukken:

Welk helpend gedrag kan ik inzetten? Wie/wat kan mij helpen?

Mijn beloning als ik mij goed aan mijn plan heb gehouden:

Vakantiedag:

Eten en drinken:

___

Bewegen:

___

Wat kan ik tegen mezelf zeggen om mijn plan te laten lukken:

___

Welk helpend gedrag kan ik inzetten? Wie/wat kan mij helpen?

___

Mijn beloning als ik mij goed aan mijn plan heb gehouden:

___

Stap voor week 10

Datum: _____

Mijn stap voor deze week is:

Wat heb ik nodig om deze stap te laten lukken?

Wanneer ben ik tevreden?

Stap voor week 10

Maaltijdbespreking 10

Waar ga ik vandaag op letten of aan werken?

Waar was ik tevreden over?

Wat kan ik nog verbeteren?

Compliment uit de groep:

Tip uit de groep:

Eetdagboek

Datum	Ontbijt	Tussendoor	Lunch	Tussendoor	Warme maaltijd	Tussendoor
	Wat en hoeveel heb ik gegeten en gedronken?					
Maandag						
Dinsdag						
Woensdag						
Donderdag						

Eetdagboek *(vervolg)*

Datum	Ontbijt	Tussendoor	Lunch	Tussendoor	Warme maaltijd	Tussendoor
	Wat en hoeveel heb ik gegeten en gedronken?					
Vrijdag						
Zaterdag						
Zondag						

INFORMATIE VOOR BIJEENKOMST 10: ANDERS DAN ANDERS: FEESTDAGEN EN VAKANTIES

Beweegdagboek

Noteer per dag welke activiteit of sport je hebt gedaan.
Vergeet niet om op de schrijven hoe lang je hiermee bezig bent geweest.

Stap voor de komende week: _____

	Soort activiteit	Hoe hard heb je je ingezet? (rustig, matig, intensief)	Hoe lang?
Maandag			
Dinsdag			
Woensdag			
Donderdag			
Vrijdag			
Zaterdag			
Zondag			

Informatie voor bijeenkomst 11: Dranken

Drinken

Zonder dat je het door hebt, neem je met drinken veel suiker in.
Je leert vandaag dat je de hoeveelheid suiker per glas kunt halveren door dranken aan te lengen met water of melk. Dit helpt je gezond te leven en af te vallen.

We doen tijdens deze bijeenkomst het 'suikerklontjes-spel'. Je raadt bij de verschillende dranken hoeveel suikerklontjes er per glas in zitten.
Omdat het logisch is dat je dit niet kunt onthouden, hebben we een overzicht gemaakt van de hoeveelheid suiker in verschillende dranken. Zo kan je gezonde keuzes maken.

Hoeveel suikerklontjes zitten er in:	Aantal suikerklontjes:
Een pakje yoghurtdrank	5,5
Een glas cola of sinas	6
Een glas suikervrije frisdrank	0
Een glas chocolademelk	7,5
Een glas limonade van siroop	4,5
Een glas limonade van suikervrije ranja	0
Een glas appelsap	3,5
Een glas sinaasappelsap	6
Een glas druivensap	7
Een flesje sportdrank	9
Een flesje sportwater	0
Een glas thee zonder suiker	0
Een glas mineraalwater	0
Een glas water	0
Milkshake (medium)	28
Een blikje energy drink	6,5

Dranken: Proeven maar!

Vruchtensappen

Sinaasappelsap .... 😊 😐 ☹️

Aardbeiensap... 😊 😐 ☹️

Sinaasappelsap met water................................. 😊 😐 ☹️

Aardbeiensap met water .... 😊 😐 ☹️

Melkdranken

Chocolademelk met halfvolle melk .... 😊 😐 ☹️

Yoghurtdrank met karnemelk .... 😊 😐 ☹️

Karnemelk met suikervrije ranja .... 😊 😐 ☹️

Frisdranken

IJsthee met water... 😊 😐 ☹️

Cassis met spa rood.. 😊 😐 ☹️

Mineraalwater met een fruitsmaak .... 😊 😐 ☹️

Mineraalwater met suikervrije ranja................... 😊 😐 ☹️

Stap voor week 11

Datum: _____

Mijn stap voor deze week is:
_____
_____
_____
_____
_____
_____
_____

Wat heb ik nodig om deze stap te laten lukken?
_____
_____
_____
_____
_____
_____
_____

Wanneer ben ik tevreden?
_____
_____
_____
_____
_____
_____
_____
_____

Maaltijdbespreking 11

Waar ga ik vandaag op letten of aan werken?

Waar was ik tevreden over?

Wat kan ik nog verbeteren?

Compliment uit de groep:

Tip uit de groep:

Eetdagboek

Datum	Ontbijt	Tussendoor	Lunch	Tussendoor	Warme maaltijd	Tussendoor
	Wat en hoeveel heb ik gegeten en gedronken?					
Maandag						
Dinsdag						
Woensdag						
Donderdag						

INFORMATIE VOOR BIJEENKOMST 11: DRANKEN

Eetdagboek *(vervolg)*

Datum	Ontbijt	Tussendoor	Lunch	Tussendoor	Warme maaltijd	Tussendoor
	Wat en hoeveel heb ik gegeten en gedronken?					
Vrijdag						
Zaterdag						
Zondag						

Beweegdagboek

Noteer per dag welke activiteit of sport je hebt gedaan.
Vergeet niet om op de schrijven hoe lang je hiermee bezig bent geweest.

Stap voor de komende week: _____

	Soort activiteit	Hoe hard heb je je ingezet? (rustig, matig, intensief)	Hoe lang?
Maandag			
Dinsdag			
Woensdag			
Donderdag			
Vrijdag			
Zaterdag			
Zondag			

Opdracht voor thuis als voorbereiding van bijeenkomst 12: Etiketten lezen

Volgende week gaan we oefenen met het lezen van etiketten.
Thuis ga je op zoek naar twee verpakkingen van producten die je vaak eet of drinkt.
Deze verpakkingen neem je de volgende keer mee.

Beantwoord ook de volgende vragen:

Productinformatie

Rijstwafel met zeezout
100 gram

Ingrediënten: zilvervliesrijst*, 0,2 % zeezout.
*Van biologische oorsprong.

Allergie-informatie: glutenvrij melkvrij
Gemaakt in een bedrijf waar
ook noten worden verwerkt.

Koel en droog bewaren.
Na openen in een gesloten trommel bewaren.

Voedingswaarde per 100 g
Energie	1605 kJ / 380 kcal
Vetten	2,5 g
waarvan verzadigd	0,7 g
enkelvoudig onverzadigd	1,0 g
meervoudig onverzadigs	0,8 g
koolhydraten	79 g
waarvan suikers	1,0 g
vezels	4,0 g
eiwitten	7,5 g
zout	0,2 g

Een rijstwafel bevat 25 kcal.
Deze verpakking bevat 15 porties.

1. Lees jij wel eens een etiket als je wat koopt?

2. Hoeveel calorieën zitten er in 100 gram rijstwafels?

3. Hoeveel calorieën zitten er in één rijstwafel?

4. Zit er meer rijst of zout in dit product?

5. Weet jij wat gezonder is? Verzadigd vet of onverzadigd vet?

Informatie voor bijeenkomst 12: Etiketten lezen

Etiketten

Wanneer je een etiket leest in de winkel, waar moet je dan precies op letten?
Er staan op een etiket ontzettend veel dingen. Daarom is het belangrijk dat je weet waar je het beste naar kunt kijken. Je weet dan beter wat je koopt!

Voedingswaarde

De voedingswaarde wordt aangegeven met **Energie in kJ (kilojoule) en kcal (calorieën)** per 100 gram of 100 ml. Vaak staat dit ook per portie op het etiket.
Let op: een portie kan meer of minder zijn dan 100 gram!
Daarnaast staan er op een etiket ook hoeveel vetten, koolhydraten, eiwitten vitamines en mineralen er in het product zitten.

Vetten

Soms staan er naast vetten ook de verschillende soorten vetten op een verpakking genoemd.
Dit kunnen zijn:
- transvetten
- verzadigde vetten
- enkelvoudig onverzadigde vetten
- meervoudig onverzadigde vetten

De onverzadigde vetten zijn de gezondere vetten.
Transvetten en verzadigde vetten zijn de meest ongezonde vetten.

Tip om dit makkelijker te onthouden:
Onverzadigd vet is **oké**
Verzadigd vet is **fout**.

Gemiddelde Voedingswaarde	100 g	1 biscuit (18,7 g)	%GDA* / biscuit
Energie	1645 kJ / 390 kcal	308 kJ / 73 kcal	4%
Eiwit	6,6 g	1,2 g	2%
Koolhydraten	68,5 g	13 g	5%
waarvan suikers	31,5 g	5,9 g	2%
Vet	8,5 g	1,6 g	2%
waarvan verzadigd	0,8 g	0,2 g	<1%
enkelv. onverzadigd	4,6 g	0,9 g	
meerv. onverzadigd	2,9 g	0,5 g	
Voedingsvezels	6,8 g	1,3 g	5%
Natrium	0,13 g	0,03 g	1%

	100 g	%ADH** / 100 g	1 biscuit (18,7 g)	%ADH** / biscuit
Vitamine B6	1,8 mg	126%	0,33 mg	24%
Calcium	290 mg	36%	54 mg	7%
IJzer	8,1 mg	58%	1,5 mg	11%

* GDA = Dagelijkse Voedingsrichtlijn voor een volwassene op basis van een Gemiddelde behoefte van 2000 kcal. Voor meer informatie: www.liga.nl
** ADH = Aanbevolen Dagelijkse Hoeveelheid

Links zie je een voorbeeld van een etiket van een rozijnenkoek. In de verpakking hiervan zitten twee koeken.
Op het etiket zijn voedingswaarden voor 100 gram gezet. Ook staan de voedingswaarden voor één biscuit erop. Hier staat een rode cirkel omheen op dit plaatje.
Eén biscuit bevat 308 kJ, wat gelijk staat aan 73 kcal.
Let op:
In de verpakking zitten twee koekjes in een zakje. Als je deze allebei opeet, krijg je dus twee keer 73 kilocalorieën binnen.
Een rozijnenkoek bevat meerdere soorten vetten, waaronder de 'goede' onverzadigde vetten en de 'slechte' verzadigde vetten.

Ingrediënten

Naast de calorieën en de andere voedingsstoffen staan er ook ingrediënten genoemd op een etiket.

INGREDIËNTEN: Granen 51,1% (tarwebloem 24,8%, volkorenhavermeel 19,1%, volkorentarwemeel 7,2%), vruchtenvulling 28,4% (rozijnen 18,1%, krenten 9,4%, rijstbloem), suiker, plantaardige olie, glucosestroop, oplosbare tarwevezels, calciumcarbonaat, rijsmiddel (ammoniumwaterstofcarbonaat), zout, fructose-Glucosestroop, erwteneiwit, emulgator (sojalecithine), Aroma, ijzer, vitamine B6.
BEVAT TARWE, GLUTEN, SOJA.
KAN SPOREN BEVATTEN VAN EI, MELK EN SESAM.

Alle ingrediënten staan op volgorde van veel naar weinig. Het ingrediënt dat het eerst in het rijtje staat, zit er het meeste in.
Links zie je een voorbeeld van alle ingrediënten van een rozijnenkoek. Uit het etiket kun je opmaken dat er in deze koek vooral granen zitten.

Light

Op een etiket kan ook het woord light staan. Light kun je bijvoorbeeld vinden op de verpakking van rookworst, chips of boter. Het is belangrijk om naar de voedingswaarde (kcal) te kijken. Soms zit er alleen minder vet in, maar maakt het voor de calorieën geen verschil. In light-dranken zitten vaak geen calorieën. Dit kun je ook vinden op het etiket.

Kies ik gezond?-app

Het Voedingscentrum heeft een gratis app: Kies ik gezond?
Hiermee kan je van ieder product in de supermarkt makkelijk zien of het een gezonde keuze is.

Stap voor week 12

Datum: _____

Mijn stap voor deze week is:

_____
_____
_____
_____
_____
_____
_____
_____

Wat heb ik nodig om deze stap te laten lukken?

_____
_____
_____
_____
_____
_____
_____
_____

Wanneer ben ik tevreden?

_____
_____
_____
_____
_____
_____
_____
_____

INFORMATIE VOOR BIJEENKOMST 12: ETIKETTEN LEZEN

Maaltijdbespreking 12

Waar ga ik vandaag op letten of aan werken?

Waar was ik tevreden over?

Wat kan ik nog verbeteren?

Compliment uit de groep:

Tip uit de groep:

Eetdagboek

Datum	Ontbijt	Tussendoor	Lunch	Tussendoor	Warme maaltijd	Tussendoor
	Wat en hoeveel heb ik gegeten en gedronken?					
Maandag						
Dinsdag						
Woensdag						
Donderdag						

Eetdagboek *(vervolg)*

Datum	Ontbijt	Tussendoor	Lunch	Tussendoor	Warme maaltijd	Tussendoor
	Wat en hoeveel heb ik gegeten en gedronken?					
Vrijdag						
Zaterdag						
Zondag						

Beweegdagboek

Noteer per dag welke activiteit of sport je hebt gedaan.
Vergeet niet om op de schrijven hoe lang je hiermee bezig bent geweest.

Stap voor de komende week: _____

	Soort activiteit	Hoe hard heb je je ingezet? (rustig, matig, intensief)	Hoe lang?
Maandag			
Dinsdag			
Woensdag			
Donderdag			
Vrijdag			
Zaterdag			
Zondag			

Informatie voor bijeenkomst 13: Hoe kijk ik naar mijn lichaam?

Mensen met overgewicht zijn vaak ontevreden over hun lichaam. Ze voelen zich onzeker en verstoppen hun lichaam in wijde kleding. Ook kan het zijn dat ze liever niet in de spiegel kijken.

Wel mooi en niet mooi

We kijken vooral naar wat we niet mooi vinden aan ons lichaam. Daarbij vergeten we te kijken naar wat wel mooi is. Als je dit moeilijk vindt, dan kunnen anderen je helpen te benoemen wat ze mooi vinden aan jouw lichaam.

Je bent nu al goed bezig met gezonder leven. Misschien ben je ook al wat afgevallen. Hierdoor ben je vast al meer tevreden over je lichaam.
Ook met overgewicht kan je er goed uitzien. Bijvoorbeeld door jezelf goed te verzorgen en leuke kleding te dragen, die past bij je figuur.

Opdracht tijdens bijeenkomst 13: Hoe kijk ik naar mijn lichaam?

1) Ga voor de spiegel staan. Benoem wat je opvalt.
   - _____
   - _____
   - _____
   - _____
   - _____
   - _____

2) Naar welke lichaamsdelen kijk je als eerste? Zet er pijltjes bij.

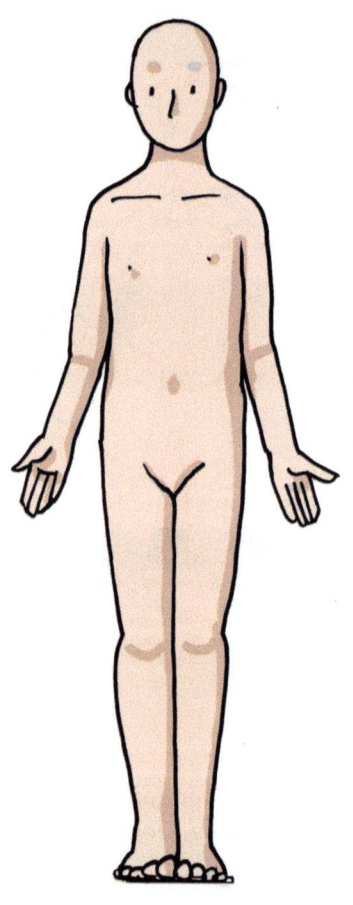
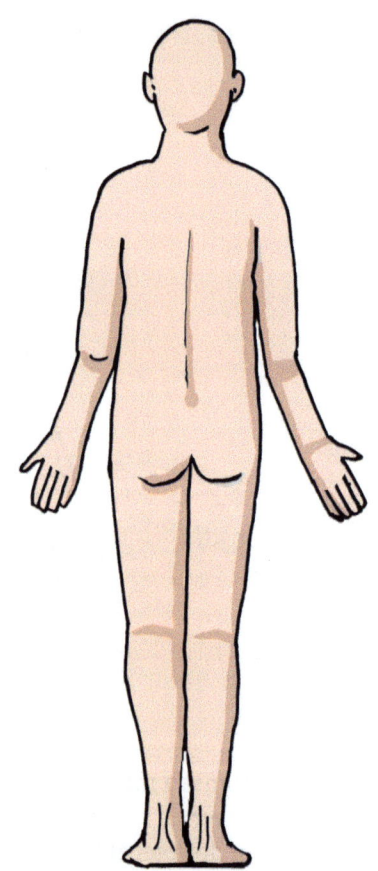

3) Waarom kijk je juist naar deze lichaamsdelen?
   - _____
   - _____
   - _____
   - _____
   - _____

INFORMATIE VOOR BIJEENKOMST 13: HOE KIJK IK NAAR MIJN LICHAAM? **137**

4) Welke onderdelen zitten er allemaal aan je lichaam?
De lijntjes bij de mensfiguren helpen je op weg.
Zet bij elk lijntje om welk deel van je lichaam het gaat.

5)

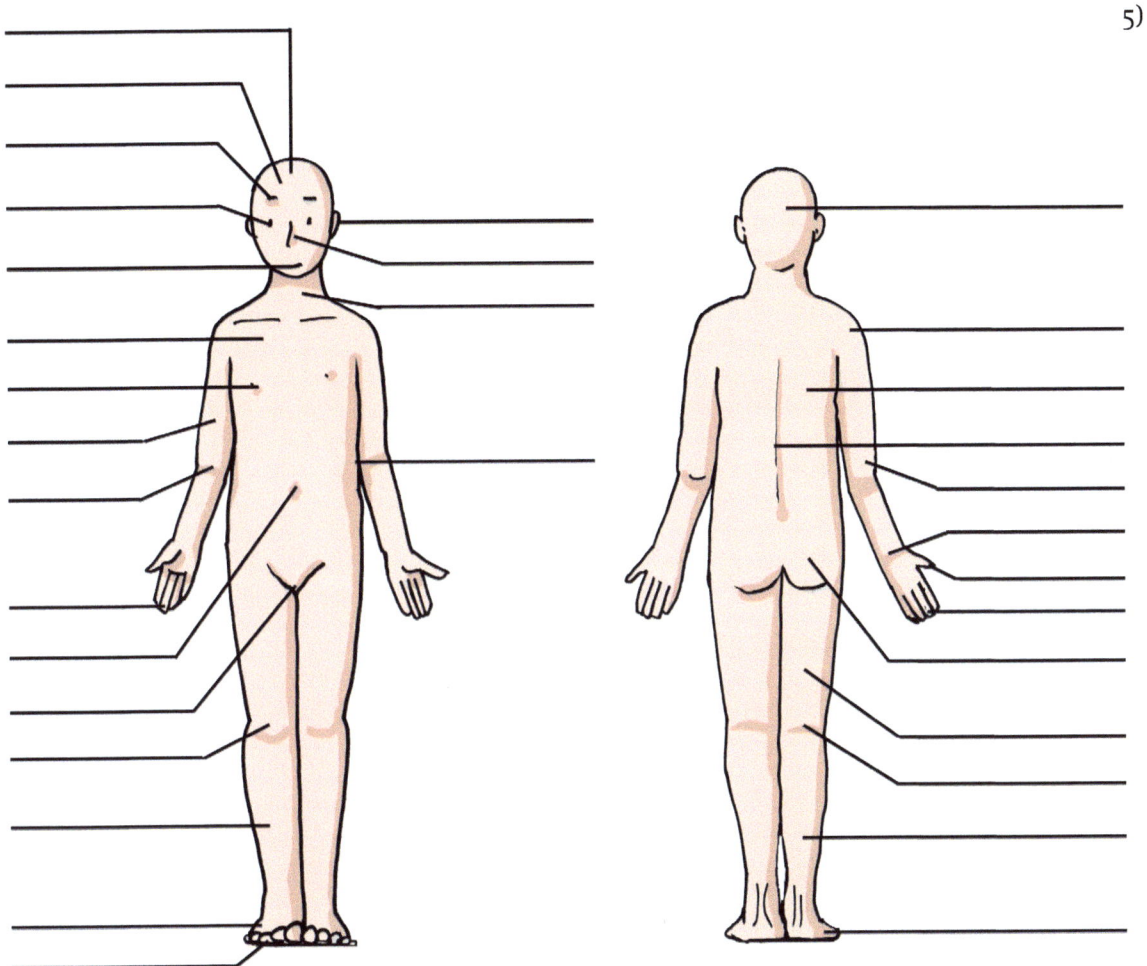

Geef alle onderdelen van je lichaam een cijfer van 0 tot 10.

6) Je ziet waarschijnlijk al dat je dingen mooi aan jezelf vindt en dat je dingen minder mooi aan jezelf vindt. Maar als je alleen let op wat je niet zo mooi vindt dan word je daar niet gelukkig van. Als je ook goed let op wat je wel mooi vindt aan jezelf, dan klopt je beeld van je lichaam een stuk beter! Door iets leuks te doen met bijvoorbeeld je kleding en je haar kan je de aandacht laten gaan naar wat je mooi vindt aan jezelf.

Wat vind je mooi aan jezelf? Vraag een compliment aan je groepsgenoten!

- _____
- _____
- _____
- _____
- _____

Stap voor week 13

Datum: _____

Mijn stap voor deze week is:

_____
_____
_____
_____
_____
_____
_____

Wat heb ik nodig om deze stap te laten lukken?

_____
_____
_____
_____
_____
_____
_____
_____
_____

Wanneer ben ik tevreden?

_____
_____
_____
_____
_____
_____
_____
_____
_____

INFORMATIE VOOR BIJEENKOMST 13: HOE KIJK IK NAAR MIJN LICHAAM? **139**

Maaltijdbespreking 13

Waar ga ik vandaag op letten of aan werken?

Waar was ik tevreden over?

Wat kan ik nog verbeteren?

Compliment uit de groep:

Tip uit de groep:

Eetdagboek

Datum	Ontbijt	Tussendoor	Lunch	Tussendoor	Warme maaltijd	Tussendoor
	Wat en hoeveel heb ik gegeten en gedronken?					
Maandag						
Dinsdag						
Woensdag						
Donderdag						

Eetdagboek *(vervolg)*

Datum	Ontbijt	Tussendoor	Lunch	Tussendoor	Warme maaltijd	Tussendoor
	Wat en hoeveel heb ik gegeten en gedronken?					
Vrijdag						
Zaterdag						
Zondag						

Beweegdagboek

Noteer per dag welke activiteit of sport je hebt gedaan.
Vergeet niet om op de schrijven hoe lang je hiermee bezig bent geweest.

Stap voor de komende week: _____

	Soort activiteit	Hoe hard heb je je ingezet? (rustig, matig, intensief)	Hoe lang?
Maandag			
Dinsdag			
Woensdag			
Donderdag			
Vrijdag			
Zaterdag			
Zondag			

Informatie voor bijeenkomst 14: 'Nee' zeggen en opkomen voor jezelf

Voorbeelden

Wat zeg jij als er iemand uit je klas naar je toe komt en met jou naar de supermarkt wil om chips en cola te kopen? Doe je het bij de ene klasgenoot wel en bij de andere niet? Misschien heb je er geen zin in en maak je je er met een smoesje van af. Maar als de ander dan aandringt: 'Joh, doe niet zo flauw', dan doe je het misschien toch. Zeker als je graag vrienden wil worden met deze klasgenoot.

En wat doe je in de volgende situatie? Je gaat naar de bioscoop met een vriendin en hebt je voorgenomen om geen chocola of popcorn te nemen tijdens de film. Je hebt een sinaasappel meegenomen voor tijdens de film. Tijdens de film biedt ze je chocola aan. Jij zegt 'nee'. Vervolgens biedt ze het nog een keer aan en zegt: 'Neem ook maar wat! Ik vind het zo ongezellig om alleen te eten.'

Nee zeggen

In deze twee voorbeelden zou je waarschijnlijk gewoon 'nee' willen zeggen, omdat je iets niet wilt. Maar onder druk is dat moeilijk. Je bent misschien bang dat ze je stom en saai vinden. Of dat ze niet meer met je om willen gaan.

Toch is het beter om het eerlijk te zeggen als je iets echt niet wilt. Als je daar een goede reden voor hebt, waarom zou je dat dan niet gewoon zeggen?

Soms is het handig om een ander voorstel te doen, bijvoorbeeld in de eerste situatie zeggen dat je meer zin hebt om een rondje te lopen in plaats van naar de supermarkt te gaan.

Hoe kom je over op de ander?

Ook is het belangrijk hoe je iets weigert: als je erg aarzelt, klinkt het niet overtuigend en zal een ander je makkelijk kunnen overhalen. Als je zeker overkomt, dan accepteert de ander jouw 'nee' eerder.
Reageer je kortaf of kwaad, dan gebeurt er waarschijnlijk waar je bang voor bent: de ander zal niet meer met jou om willen gaan als je steeds boos reageert.
Gewoon duidelijk en zelfverzekerd 'nee' zeggen en eventueel uitleggen waarom, werkt het beste.
En bovendien voel je je daar zelf beter bij, want je doet geen dingen die je eigenlijk helemaal niet wilt.

Hoe geef je op een goede manier jouw grens aan?
1. Als het niet direct duidelijk is wat de ander precies van je wilt: vraag dit eerst na
2. Zeg rustig en duidelijk 'nee'
3. Vertel waarom je 'nee' zegt
4. Als de ander aandringt zeg je nogmaals rustig 'nee'
5. Overleg zo nodig over een andere mogelijkheid

Informatie bij bijeenkomst 14:
Alcohol en overgewicht

Werking van alcohol in het lichaam

Als je alcohol drinkt kun je het effect na ongeveer tien minuten voelen. Als je goed gegeten hebt duurt het iets langer.

Hieronder lees je de gevolgen van alcoholgebruik op de korte en lange termijn:

Gevolgen korte termijn:
- ontspannen en vrolijk gevoel
- makkelijker kunnen praten
- minder snel reageren
- moeilijker kunnen lopen en praten
- misselijkheid en overgeven
- bewusteloosheid en coma (als je in korte tijd heel veel drinkt)
- kater en black-out (je kunt je niet meer alles herinneren)

Gevolgen lange termijn:
- verslaving
- schade aan de hersenen
- verschillende ziektes en schade aan organen (lever, suikerziekte, kanker)

Alcohol en overgewicht

Voor je achttien bent mag je sowieso niet drinken.
Als je na je achttiende verjaardag eens drinkt, drink dan niet te veel.
Alcoholische dranken leveren veel calorieën. Verder kun je door het drinken van alcohol meer zin hebben in eten. Het is moeilijker om lekkere verleidingen te weerstaan onder invloed van alcohol.

Stap voor week 14

Datum: _____

Mijn stap voor deze week is:
_____
_____
_____
_____
_____
_____

Wat heb ik nodig om deze stap te laten lukken?
_____
_____
_____
_____
_____
_____
_____
_____

Wanneer ben ik tevreden?
_____
_____
_____
_____
_____
_____
_____
_____

Maaltijdbespreking 14

Waar ga ik vandaag op letten of aan werken?

Waar was ik tevreden over?

Wat kan ik nog verbeteren?

Compliment uit de groep:

Tip uit de groep:

Eetdagboek

Datum	Ontbijt	Tussendoor	Lunch	Tussendoor	Warme maaltijd	Tussendoor
	Wat en hoeveel heb ik gegeten en gedronken?					
Maandag						
Dinsdag						
Woensdag						
Donderdag						

Eetdagboek *(vervolg)*

Datum	Ontbijt	Tussendoor	Lunch	Tussendoor	Warme maaltijd	Tussendoor
	Wat en hoeveel heb ik gegeten en gedronken?					
Vrijdag						
Zaterdag						
Zondag						

Beweegdagboek

Noteer per dag welke activiteit of sport je hebt gedaan.
Vergeet niet om op de schrijven hoe lang je hiermee bezig bent geweest.

Stap voor de komende week: _____

	Soort activiteit	Hoe hard heb je je ingezet? (rustig, matig, intensief)	Hoe lang?
Maandag			
Dinsdag			
Woensdag			
Donderdag			
Vrijdag			
Zaterdag			
Zondag			

Informatie voor bijeenkomst 15: Zelfbeeld

Wat is zelfbeeld?

Zelfbeeld is het beeld wat je van je zelf hebt, hoe jij over jezelf denkt als persoon.
Een paar voorbeelden:
– 'Ik ben goed op school'
– 'Ik ben fanatiek in gym'
– 'Ik ben niet populair in de klas'
– 'Ik ben een lieve vriendin'
– 'Ik ben dom'

Hoe ontstaat je zelfbeeld?

Je zelfbeeld ontstaat door aanleg en de dingen die je meemaakt in je leven.
Als je bijvoorbeeld wordt gepest en mensen steeds negatieve dingen tegen jou zeggen, dan ga je dit misschien geloven. Jij gaat dan ook negatief over jezelf denken.
Als je positieve dingen over jezelf hoort of complimenten krijgt, ga je juist positiever over jezelf denken en is je zelfbeeld beter.
Hoe je over jezelf denkt, bepaalt je gevoel en gedrag.

Een voorbeeld van zo'n cirkel

Je denkt dat niemand jou aardig vindt. Daarom ga je in de pauze op school met niemand praten. Je zit alleen in een hoekje. Je ziet dat jouw klasgenoten plezier maken met elkaar. Jij voelt je buitengesloten. Je denkt: 'Zie je wel dat ze mij niet aardig vinden? Niemand maakt contact met mij'. Je gaat er boos uitzien door deze gedachten. Omdat je er boos uitziet, zoekt er niemand contact met jou.

Een positieve cirkel

Als je positiever over jezelf denkt, ben je actiever en doe je meer mee. Doordat je meedoet heb je het leuk met klasgenoten en denk je: 'Ze vinden me leuk'. Dit heeft weer positieve invloed op je gevoel en gedachten. Anderen vinden jou leuk, omdat je meedoet en vrolijk bent. Zo ontstaat er een positieve cirkel.

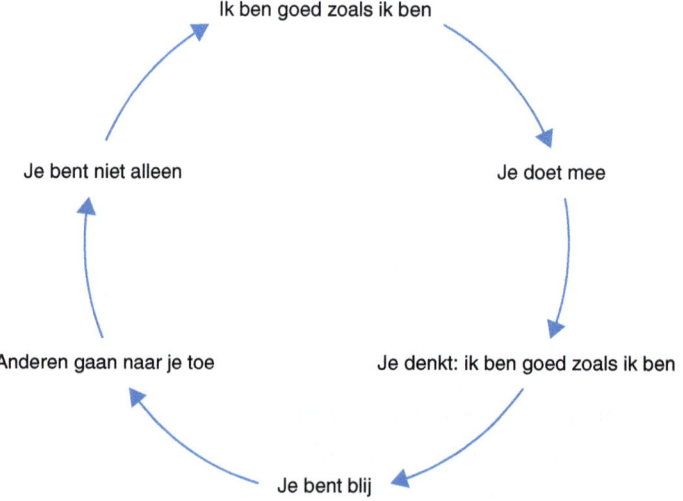

Klopt je zelfbeeld altijd?

Juist omdat je zelfbeeld ervoor zorgt hoe jij je voelt en wat je doet, is het belangrijk om te weten of je zelfbeeld ook echt klopt.
Het zou jammer zijn als je jezelf dom vindt terwijl je dat in werkelijkheid niet bent. Aan de andere kant helpt het je ook niet als je denkt dat je heel slim bent, terwijl je dat niet bent. Dan ga je misschien taken doen die veel te moeilijk zijn. Jouw zelfbeeld moet dus kloppen.
Als je zelfbeeld klopt, dan weet je van jezelf wat je goed kan en wat je niet goed kan.

INFORMATIE VOOR BIJEENKOMST 15: ZELFBEELD

Opdracht zelfbeeld

Beantwoord de volgende vragen over jezelf:

1. Hoe zie ik eruit? Denk aan je kledingstijl, je kapsel, je kleur haar enzovoort.

   _____
   _____
   _____
   _____
   _____
   _____
   _____

2. Welke eigenschappen horen bij jou? Zet een rondje om de woorden die bij jou passen.
   Ik ben:

actief	eerlijk	aardig	grappig	
avontuurlijk	gevoelig	zelfstandig	vriendelijk	betrouwbaar
rustig	druk	aantrekkelijk	muzikaal	sportief
dapper	geduldig	spontaan	koppig	leuk
sloom	creatief	gezellig	slim	ontspannen

3. Eén van de dingen waar ik trots op ben is...

   _____
   _____
   _____
   _____
   _____
   _____
   _____

4. Dit vind ik leuk aan mezelf:

_____
_____
_____
_____
_____
_____
_____

5. Dit zou ik wel aan mijzelf willen veranderen:

_____
_____
_____
_____
_____
_____
_____

6. Vraag een compliment aan je buurman of buurvrouw. Mijn buurman of buurvrouw vindt mij...

_____
_____
_____
_____
_____
_____
_____

Je hebt nu een aantal dingen opgeschreven die horen bij jou. Je hebt omcirkeld welke eigenschappen bij jou horen.
Ook heb je opgeschreven waar je trots op bent, wat je graag zou veranderen aan jezelf en wat je leuk vindt aan jezelf. Je weet nu wat jou uniek maakt.

Op de volgende bladzijde staat een poppetje. Je gaat hierbij opschrijven wat jij positieve eigenschappen vindt van jezelf, wat jij positief vindt aan je uiterlijk, wat jij zou willen veranderen aan jezelf en gedachtes die je over jezelf hebt. Wanneer je hier klaar mee bent heb je een goed beeld over hoe jij over jezelf denkt en hoe jij jezelf ziet.

Dit ben ik!

Stap voor week 15

Datum: _____

Mijn stap voor deze week is:

_____
_____
_____
_____
_____
_____
_____
_____

Wat heb ik nodig om deze stap te laten lukken?

_____
_____
_____
_____
_____
_____
_____
_____

Wanneer ben ik tevreden?

_____
_____
_____
_____
_____
_____
_____
_____

INFORMATIE VOOR BIJEENKOMST 15: ZELFBEELD

Maaltijdbespreking 15

Waar ga ik vandaag op letten of aan werken?

Waar was ik tevreden over?

Wat kan ik nog verbeteren?

Compliment uit de groep:

Tip uit de groep:

Eetdagboek

Datum	Ontbijt	Tussendoor	Lunch	Tussendoor	Warme maaltijd	Tussendoor
	Wat en hoeveel heb ik gegeten en gedronken?					
Maandag						
Dinsdag						
Woensdag						
Donderdag						

Eetdagboek *(vervolg)*

Datum	Ontbijt	Tussendoor	Lunch	Tussendoor	Warme maaltijd	Tussendoor
	Wat en hoeveel heb ik gegeten en gedronken?					
Vrijdag						
Zaterdag						
Zondag						

Beweegdagboek

Noteer per dag welke activiteit of sport je hebt gedaan.
Vergeet niet om op de schrijven hoe lang je hiermee bezig bent geweest.

Stap voor de komende week: _____

	Soort activiteit	Hoe hard heb je je ingezet? (rustig, matig, intensief)	Hoe lang?
Maandag			
Dinsdag			
Woensdag			
Donderdag			
Vrijdag			
Zaterdag			
Zondag			

Informatie voor bijeenkomst 16: Zelfzorg

Het is belangrijk om goed voor je lichaam te zorgen.

Het zorgen voor jezelf kan je in drie groepen indelen:
1. **Hygiëne.** Dit is het schoonhouden van je lichaam. Bijvoorbeeld douchen, nagels knippen of je haren wassen. Hygiëne is noodzakelijk: als je bijvoorbeeld nooit je handen zou wassen, word je ziek.
2. **De buitenkant van je lichaam verwennen.** Dit is de stap die komt na het schoonmaken van je lichaam, na de hygiëne.
   Het verwennen van je lichaam aan de buitenkant is een extra aandacht die je geeft aan je lichaam om het mooier te maken. Denk aan je nagels lakken, gel in je haar, make-up, bodylotion of mooie kleding aantrekken. Je maakt jezelf mooi.
3. **De binnenkant van je lichaam verwennen.** Dit betekent dat je ontspanning geeft aan je lichaam. Bijvoorbeeld door te sporten of rustig muziek te luisteren.

Hoe zorg ik voor een goede hygiëne?

Je huid is erg belangrijk voor de bescherming van je lichaam. Hij beschermt je tegen de kou en de warmte. Je huid kan ervoor zorgen dat bepaalde infecties en vuil niet in je lichaam komen. Je verzorgt je huid door hem te wassen met een goede zeep die past bij jouw huidtype. Je kunt een droge huid hebben, deze is schilferig. Of je kunt een vette huid hebben.

Afdrogen na het wassen

Je moet je huid goed afdrogen nadat je hem hebt gewassen. Denk eraan dat je je hele lijf goed afdroogt. Dus ook tussen je tenen, achter je oren en tussen je huidplooien. Doe je dit niet, dan kunnen er schimmels ontstaan.

Handen

Het is belangrijk dat je je handen goed wast. Omdat jouw handen veel spullen aanraken, komen er ook meer bacteriën en vuil op je handen.
Knip je vingernagels kort af zodat er minder vuil onder blijft zitten. Maar knip ze niet te kort.

Voeten

Vergeet ook niet om je voeten goed te verzorgen. Was ze met zeep en droog ze goed af. Koop sokken van katoen, zodat je voeten minder gaan zweten. Knip je teennagels recht af. Knip je ze te kort of scheef af, dan gaan ze ingroeien. Dit betekent dat je nagel in je teen groeit, in plaats van recht vooruit. Dit doet pijn.

Tanden

Wat ook belangrijk is, is dat je regelmatig je tanden poetst. Het liefst na elke maaltijd, maar twee keer per dag is ook voldoende. Je hebt minder kans op gaatjes en je adem ruikt fris.

Oksels

Een lekkere deodorant onder je oksels zorgt voor een frisse lucht in plaats van een zweetgeurtje onder je oksels. Wat ook helpt is om elke dag een schoon shirt aan te trekken en je kleren regelmatig uit te wassen.

Geslachtsorganen

Het is ook erg belangrijk om je geslachtsorganen te wassen. Voor meisjes geldt: dagelijks je vagina wassen met alleen water. Geen zeep gebruiken! Was je vagina van voren naar achteren.
Voor jongens geldt: dagelijks wassen. Voorhuid goed naar achteren schuiven en de penis wassen met water en eventueel een milde zeep. Als je zeep gebruikt, spoel dan alle zeep goed af en droog goed af. Als je besneden bent dan heb je geen voorhuid.

Opdracht voor tijdens bijeenkomst 16: Zelfzorg

Zelfzorg

We gaan het hebben over zelfzorg. Hoe ga je met je lichaam om? Hoe zorg jij voor je lichaam?

Opdracht 1:
Je kunt op verschillende manieren voor jezelf zorgen. Kun jij een aantal manieren bedenken? Schrijf ze op.

_____
_____
_____
_____

Het zorgen voor jezelf kan je in drie groepen indelen:
1. **Hygiëne.** Hiermee bedoelen we het schoonhouden van je lichaam. Hygiëne is noodzakelijk: als je bijvoorbeeld nooit je handen zou wassen, word je ziek. Voorbeelden van hygiëne zijn: douchen, nagels knippen of je haren wassen.
2. **De buitenkant van je lichaam verwennen.** Dit is de stap die na het schoonmaken van je lichaam komt. Het verwennen van je lichaam aan de buitenkant is een extra aandacht die je geeft aan je lichaam om het mooier te maken. Denk aan je nagels lakken, gel in je haar, make-up of mooie kleding aantrekken. Je maakt jezelf mooi.
3. **De binnenkant van je lichaam verwennen.** Dit betekent dat je ontspanning geeft aan je lichaam. Bijvoorbeeld door te sporten of rustig muziek te luisteren.

Opdracht 2:
Noem drie voorbeelden die horen bij **hygiëne** die jij zelf wel eens doet:

1. _____
_____

2. _____
_____

3. _____
_____

Opdracht 3:
Neem drie voorbeelden die horen bij **de buitenkant van je lichaam verwennen** die jij wel eens doet.

1. _____
_____

2. _____
_____

3. _____
_____

Opdracht 4:
Noem drie voorbeelden die horen bij **de binnenkant van je lichaam verwennen** die jij wel eens doet.

1. _____

2. _____

3. _____

Stap voor week 16

Datum: _____

Mijn stap voor deze week is:

_____
_____
_____
_____
_____
_____
_____
_____

Wat heb ik nodig om deze stap te laten lukken?

_____
_____
_____
_____
_____
_____
_____
_____

Wanneer ben ik tevreden?

_____
_____
_____
_____
_____
_____
_____
_____

Maaltijdbespreking 16

Waar ga ik vandaag op letten of aan werken?

Waar was ik tevreden over?

Wat kan ik nog verbeteren?

Compliment uit de groep:

Tip uit de groep:

Eetdagboek

Datum	Ontbijt	Tussendoor	Lunch	Tussendoor	Warme maaltijd	Tussendoor
	Wat en hoeveel heb ik gegeten en gedronken?					
Maandag						
Dinsdag						
Woensdag						
Donderdag						

Eetdagboek *(vervolg)*

Datum	Ontbijt	Tussendoor	Lunch	Tussendoor	Warme maaltijd	Tussendoor
Vrijdag						
Zaterdag						
Zondag						

Wat en hoeveel heb ik gegeten en gedronken?

INFORMATIE VOOR BIJEENKOMST 16: ZELFZORG

Beweegdagboek

Noteer per dag welke activiteit of sport je hebt gedaan.
Vergeet niet om op de schrijven hoe lang je hiermee bezig bent geweest.

Stap voor de komende week: _____

	Soort activiteit	Hoe hard heb je je ingezet? (rustig, matig, intensief)	Hoe lang?
Maandag			
Dinsdag			
Woensdag			
Donderdag			
Vrijdag			
Zaterdag			
Zondag			

Informatie voor bijeenkomst 17: Eetbuien

Wat is een eetbui?

Sommige jongeren met obesitas hebben regelmatig eetbuien. Dit betekent dat ze in korte tijd een grote hoeveelheid eten. Bij een eetbui merk je dat je veel sneller eet dan normaal en dooreet als je geen honger (meer) hebt. Het lijkt alsof je de rem kwijt bent en niet meer kan stoppen. Veel jongeren voelen zich na zo'n eetbui boos, verdrietig en/of schuldig. Ze willen er graag mee stoppen.

Meer controle

Om eetbuien aan te pakken is het belangrijk te begrijpen hoe eetbuien in stand blijven. Je lichaam went eraan als je regelmatig grote hoeveelheden eet. Het bereidt zich voor op wat gaat komen. Het kan voelen als een drang. Als je goed oplet kan je aan je lichaam merken wanneer je wilt gaan eten.
Je kan het vergelijken met iemand die stopt met roken. Die zal op momenten dat hij eigenlijk een sigaret zou opsteken voelen dat zijn lichaam zich hierop heeft voorbereid.

Voorspellers

Wij gaan hier nu mee aan de slag. We gaan zoveel mogelijk nadoen wat er gebeurt op het moment dat jij normaal gesproken een eetbui hebt. Hiervan schrijf jij je eigen verhaal. Er zijn 'voorspellers' die zorgen voor drang. Als jij altijd een eetbui hebt als je uit school komt, zal je onderweg al zin krijgen. Dit zijn de voorbereidende lichamelijke reacties die voelen als een drang. Maar bij deze oefening ga je niet eten, zoals je gewoonlijk wel zou doen.

Wel ga je alles doen om zoveel mogelijk die drang op te voeren door te ruiken, likken, kijken, luisteren naar het knisperen van de verpakking. Je gaat merken dat de drang heel hoog wordt, maar dat deze weer daalt als je volhoudt.

Je houdt op de thermometer bij hoe sterk de drang is. Je geeft steeds een cijfer van 0 tot 10, waarbij 0 helemaal geen drang en 10 heel veel drang is.

De oefening is misschien een beetje raar, en misschien moet je er ook om lachen. Toch zal je merken dat het niet makkelijk is en het veel oproept als je erin mee kan gaan.

Als je dit regelmatig doet, zal je merken dat je lichaam geen grote hoeveelheid eten meer verwacht. Je voelt minder drang en het wordt makkelijker om een eetbui te voorkomen.

Schema

In het schema hieronder staat hetzelfde als hierboven.
Je ziet dat het een cirkel is. Die ga je met deze behandeling doorbreken.

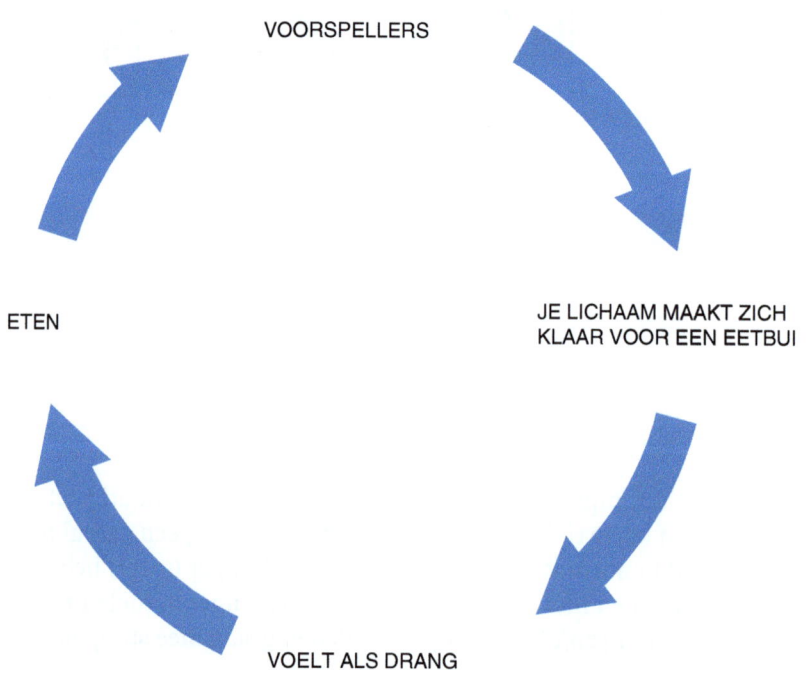

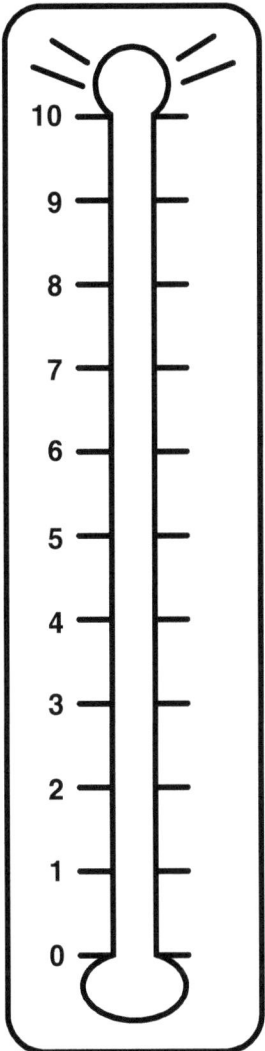

Voorbeeld: 'mijn eigen verhaal'

Ik sta 's morgens op en sla het ontbijt over, want gisteren heb ik weer een eetbui gehad. Ik voel me er slecht over, zeker als ik zie dat ik weer ben aangekomen. Wat ben ik toch een loser!

Onderweg naar school heb ik honger en denk ik al aan wat ik vanmiddag ga eten als ik thuis ben.

Op school loop ik door de gangen naar mijn les. Schoolgenoten maken opmerkingen over mijn dikke kont en laten me struikelen. Ik ben verdrietig en boos en kan bijna niet meer opletten in de klas. Ik denk al aan wat ik vanmiddag ga eten als ik thuiskom.

In de pauze eet ik een appel en drink ik een flesje water. Ik eet mijn brood op de wc, omdat ik niet wil dat anderen me zien eten.

Om drie uur ben ik vrij en heb ik ontzettende honger. Ik voel me nog rotter als ik zie dat ze mijn band hebben laten leeglopen.

Onderweg naar huis kom ik langs de supermarkt en ruik ik al die lekkere broodjes. Ik ga naar binnen en koop drie croissantjes met kaas, twee chocoladerepen en vier blikjes energydrink.

Als ik thuis ben ga ik naar mijn kamer en zet ik de tv aan. Ik ga op mijn bed liggen, onder m'n dekbed en leg al het eten voor me op m'n nachtkastje.

Ik begin met de chocolade, drink er energydrink bij en ga steeds sneller eten. Ik prop al het eten naar binnen en denk lekker nergens meer aan.

Schrijf hier je eigen verhaal over jouw eetbui:

Stap voor week 17

Datum: _____

Mijn stap voor deze week is:
_____
_____
_____
_____
_____
_____
_____
_____

Wat heb ik nodig om deze stap te laten lukken?
_____
_____
_____
_____
_____
_____
_____
_____

Wanneer ben ik tevreden?
_____
_____
_____
_____
_____
_____
_____
_____

INFORMATIE VOOR BIJEENKOMST 17: EETBUIEN **177**

Maaltijdbespreking 17

Waar ga ik vandaag op letten of aan werken?

Waar was ik tevreden over?

Wat kan ik nog verbeteren?

Compliment uit de groep:

Tip uit de groep:

Eetdagboek

Datum	Ontbijt	Tussendoor	Lunch	Tussendoor	Warme maaltijd	Tussendoor
Wat en hoeveel heb ik gegeten en gedronken?						
Maandag						
Dinsdag						
Woensdag						
Donderdag						

Eetdagboek *(vervolg)*

Datum	Ontbijt	Tussendoor	Lunch	Tussendoor	Warme maaltijd	Tussendoor
	Wat en hoeveel heb ik gegeten en gedronken?					
Vrijdag						
Zaterdag						
Zondag						

Beweegdagboek

Noteer per dag welke activiteit of sport je hebt gedaan.
Vergeet niet om op de schrijven hoe lang je hiermee bezig bent geweest.

Stap voor de komende week: _____

	Soort activiteit	Hoe hard heb je je ingezet? (rustig, matig, intensief)	Hoe lang?
Maandag			
Dinsdag			
Woensdag			
Donderdag			
Vrijdag			
Zaterdag			
Zondag			

Bijeenkomst 18: Terugvalpreventieplan

Je hebt veel gedaan en geleerd tijdens deze behandeling en hebt een veel gezondere leefstijl gekregen. Dit wil je graag zou houden.

Vandaag gaan we een plan maken, waarmee je alles wat je hebt geleerd in de toekomst kunt blijven volhouden. Ook kun je dit plan gebruiken wanneer het dreigt mis te gaan met je gezonde leefstijl. Het heet een terugvalpreventieplan. Met andere woorden: een plan waarmee je een terugval kan voorkomen.

Opdracht:

Om een terugvalpreventieplan te maken beantwoord je de volgende vragen:

1. *Sterke kanten:*
   Waar ben ik goed in, wat is leuk aan mij?
   (Bijvoorbeeld: doorzetter, vrolijk, sociaal, sterk)

   _____
   _____
   _____

2. *Valkuilen:*
   Wat zijn minder sterke punten van mij die ervoor kunnen zorgen dat ik mijn gezonde leefstijl niet volhoud? (Bijvoorbeeld: snel moe, makkelijk, dingen doen zonder nadenken)

   _____
   _____
   _____

3. *Uitlokkers:*
   Wat zijn lastige momenten waarin het moeilijk is om mijn gezonde leefstijl vol te houden? (Bijvoorbeeld: feestjes, als ik gepest word, als ik ruzie heb)

   _____
   _____
   _____

4. *Ervaring:*
   Wat doe ik nu om een gezonde leefstijl te hebben en houden?

   _____
   _____
   _____

5. *Eerste voortekenen van terugval:*
   Waaraan kan ik bij mezelf merken dat ik de fout in dreig te gaan?
   Gedachten (smoesjes):

   _____
   _____
   _____

   Gevoelens (bijvoorbeeld: boos, bang, bedroefd, verveeld, leeg):

   _____
   _____
   _____

   Gedrag (bijvoorbeeld: terugtrekken, naar de winkel gaan):

   _____
   _____
   _____

   Bewegingspatroon (bijvoorbeeld: minder bewegen):

   _____
   _____
   _____

6. *Acties:*
   Wat ga ik doen als ik mijn gezonde leefstijl niet volhoud?
   (Bijvoorbeeld: in mijn map lezen, hulp vragen, helpende gedachtes bedenken)

   _____
   _____
   _____

7. *Hulptroepen:*
   Bij wie kan ik hulp inroepen om mij te helpen een gezonde leefstijl vast te houden als het even niet lukt?

   _____
   _____

Maaltijdbespreking 18

Waar ga ik vandaag op letten of aan werken?

Waar was ik tevreden over?

Wat kan ik nog verbeteren?

Compliment uit de groep:

Tip uit de groep:

Boosterbijeenkomst 1: Bewegen
Maaltijdbespreking

Waar ga ik vandaag op letten of aan werken?

Waar was ik tevreden over?

Wat kan ik nog verbeteren?

Compliment uit de groep:

Tip uit de groep:

Conditiecircuit

Activiteit	Persoon 1	Persoon 2	Persoon 3	Persoon 4	Persoon 5
1. Touwtjespringen: elke sprong is 1 punt					
2. Wisselend op en van een stoel: elke keer dat je met beide benen op de grond staat is 1 punt					
3. Bal stuiteren: elke stuit is 1 punt					
4. Buiklig en zoveel mogelijk armen en benen samen heffen: telkens 1 punt					
5. Met basket scoren: elke keer dat het raak is, is 1 punt					
6. Bal tegen de muur gooien en weer vangen: meteen vangen is elke keer 1 punt					
7. Hinkelen om blokjes: elk rondje is 1 punt					
8. Lig op je rug, elke keer omhoogkomen met je armen gekruist op je borst: elke keer omhoog is 1 punt					
9. Lopen of rennen tussen twee pionnen: elke keer is 1 punt					
Totaal punten					

BIJEENKOMST 18: TERUGVALPREVENTIEPLAN

Boosterbijeenkomst 2: Gezonde voeding
Quiz 'Wat (W)eet je al?'

1. Waarom zou je fruit eten?
   A. Omdat het lekker is.
   B. Omdat het mooie kleuren heeft.
   C. Omdat het helpt om fit en gezond te blijven.

2. Als je geen groenten lust, kun je dan alleen fruit eten?
   A. In plaats van groente kun je dan appelmoes eten.
   B. Als je meer dan vijf keer fruit per dag eet, kan dat.
   C. Nee, groenten en fruit kun je niet met elkaar vervangen.

3. Hoeveel fruit heb jij per dag op z'n minst nodig?
   A. Drie keer.
   B. Twee keer.
   C. Eén keer.

4. Kun je in plaats van fruit eten vitaminepillen slikken?
   A. Nee, in een vitaminepil zitten niet alle stoffen die je nodig hebt.
   B. Ja, in een vitaminepil zitten wel alle stoffen die je nodig hebt.
   C. Nee, alleen volwassen mensen kunnen een vitaminepil slikken.

5. Hoeveel is twee keer fruit?
   A. Een peer en een schaaltje druiven.
   B. Twee partjes appel.
   C. Twee keer een mond vol.

6. Welk fruit wordt in Nederland het meest gegeten?
   A. Appel.
   B. Banaan.
   C. Sinaasappel.

7. Kun je ook te veel fruit eten?
   A. Nee, je kunt er zoveel van eten als je wilt.
   B. Ja, want sommige soorten zijn ongezond.
   C. Ja, je mag maar drie keer fruit op een dag.

8. Hoeveel mensen in Nederland eten genoeg fruit?
   A. 73 van de 100 mensen, 73 %.
   B. 45 van de 100 mensen, 45 %.
   C. 20 van de 100 mensen, 20 %.

9. Waar zorgen groenten en fruit voor?
   A. Je krijgt er direct een mooie huid van.
   B. Je wordt nooit meer verkouden.
   C. Je helpt er jezelf mee om gezond oud te worden.

10. Hoeveel groenten heb je op een dag nodig?
    A. 250 gram groente.
    B. 100 gram groente.
    C. 150 gram groente.

11. Wat is het gezondste?
    A. Spruitjes, want daarin zitten alle voedingsstoffen die je nodig hebt.
    B. Afwisselen, want in alle groenten en fruit zitten net weer wat andere voedingsstoffen.
    C. Boontjes, want dat vindt iedereen lekker.

12. Als ik vandaag veel groenten eet, kan ik dan mijn portie van morgen overslaan?
    A. Ja, als je tenminste zes groentelepels gekookte groente hebt gegeten.
    B. Alleen als je twee keer zoveel fruit hebt gegeten.
    C. Nee, je hebt elke dag groenten en fruit nodig.

13. Welke groente wordt er in Nederland het meest gegeten?
    A. Bloemkool.
    B. Sperziebonen.
    C. Sla.

14. Welke vitamines zitten er veel in groente en fruit?
    A. Alle vitamines zitten erin.
    B. Er zitten haast geen vitamines in. Wel veel vezels.
    C. Er zitten vooral veel vitamine C in.

15. Waarom zijn vezels in brood goed voor ons?
    A. Vezels maken je botten steviger, zodat je geen kromme benen krijgt.
    B. Vezels zorgen dat je darmen goed werken, zodat je beter kan poepen.
    C. Vezels maken je spieren sterker, zodat je goed kunt rennen.

16. Kun je brood elke dag vervangen door bijvoorbeeld cornflakes of muesli?
    A. Ja, dat is geen enkel probleem.
    B. Nee, in cornflakes en muesli zitten geen vezels.
    C. Nee, in brood wordt jodium gedaan, dat heb je nodig om gezond te blijven.

17. Is wit brood net zo gezond als bruin brood?
    A. Ja, een witte boterham is net zo gezond als een bruine boterham.
    B. Nee, wit brood is gezonder want daar zijn alle slechte dingen uitgehaald.
    C. Nee, bruin brood is gezonder omdat daar vezels in zitten.

18. Hoeveel vlees mag je per week eten?
    A. Dat maakt niet uit, in vlees zit veel ijzer en daarom is het gezond.
    B. 500 gram per week.
    C. Een kilo per week.

19. Moet je elke dag vlees eten?
    A. Nee, je kunt ook vis of een vleesvervanger eten.
    B. Ja, want anders mis je bepaalde vetten die goed voor je zijn.
    C. Nee, elke dag vlees eten mag absoluut niet.

20. In welk soort vlees zit het meeste vet?
    A. Kipfilet.
    B. Speklap.
    C. Half om half-gehakt.

21. Welke vis is het gezondste?
    A. Zalm.
    B. Kibbeling.
    C. Vissticks.

22. Hoeveel moet je op een dag drinken?
    A. Zo veel mogelijk, want dan val je meer af.
    B. Als je alleen water en zuivel drinkt maakt het niet uit hoeveel je drinkt.
    C. Anderhalf tot twee liter per dag, en als het warm weer is wat meer.

23. In welke drank zit de meeste suiker?
    A. Cola light.
    B. Appelsap.
    C. Yoghurtdrank.

24. Hoeveel glazen van een light drank mag je per dag drinken?
    A. Vijf glazen per dag.
    B. Dat maakt niet uit, maar het is wel handig om niet zo vaak een zoete drank te drinken.
    C. Helemaal niet.

25. Wat is de belangrijkste reden om je brood te besmeren met halvarine of margarine?
    A. Het beleg kan er niet afvallen.
    B. Besmeerd brood is lekkerder.
    C. Je krijgt dan belangrijke vitamines en gezonde vetten binnen.

26. Hoeveel halvarine of margarine moet je op je brood smeren?
    A. Elke snee brood moet je besmeren met 15 gram halvarine of margarine.
    B. Elke snee brood moet je besmeren met 5 gram halvarine of margarine.
    C. Dat maakt niet uit, als er maar wat op zit.

27. Hoe kan je zien of boter (halvarine, margarine, bak- en braadproducten) veel gezonde vetten bevat?
    A. Er staat op het etiket dat er veel onverzadigd vet in zit en de boter is zacht of vloeibaar.
    B. Er staat op het etiket dat er veel verzadigd vet in zit en de boter is hard.
    C. Je kan het nergens aan zien.

28. Welke vitamines zitten er in boter?
    A. Vitamines A, D en C.
    B. Vitamines A, D en E.
    C. Vitamines A, C en E.

29. Twee gezonde tussendoortjes zijn:
    A. Popcorn en zoute stokjes.
    B. Chips en broodje hamburger.
    C. IJs en zakje snoep.

30. Hoe vaak per week kun je iets lekkers nemen?
    A. Eén keer per dag een koekje of snoepje.
    B. Eén keer per dag een zakje chips.
    C. Eén keer per dag patat.

Maaltijdbespreking Boosterbijeenkomst 2

Waar ga ik vandaag op letten of aan werken?

Waar was ik tevreden over?

Wat kan ik nog verbeteren?

Compliment uit de groep:

Tip uit de groep:

Boosterbijeenkomst 3: Moeilijke momenten

Als je gezond leeft, kom je wel eens moeilijke momenten tegen. Hiervoor kan je met Probleem oplossen een oplossing vinden!

Wat is het probleem?
_____
_____

Wat is je doel?
_____
_____

Brainstorm over oplossingen:

Oplossing 1: _____
Oplossing 2: _____
Oplossing 3: _____
Oplossing 4: _____
Oplossing 5: _____
Oplossing 6: _____

Oplossing 1: _____
Kan het?
Score: 0-10: _____
Helpt het?
Score: 0-10: _____

Oplossing 2: _____
Kan het?
Score: 0-10: _____
Helpt het?
Score: 0-10: _____

Oplossing 3: _____
Kan het?
Score: 0-10: _____
Helpt het?
Score: 0-10: _____

Oplossing 4: _____
Kan het?
Score: 0-10: _____
Helpt het?
Score: 0-10: _____

Oplossing 5: _____
Kan het?

Score: 0-10: _____
Helpt het?
Score: 0-10: _____

Oplossing 6: _____
Kan het?
Score: 0-10: _____
Helpt het?
Score: 0-10: _____

Kies nu de beste oplossing uit en maak een plan om het te doen!

Heeft het gewerkt?
Ja: dan ben je klaar.
Nee: kies dan een andere oplossing en kijk of die werkt.

Maaltijdbespreking Boosterbijeenkomst 3

Waar ga ik vandaag op letten of aan werken?

Waar was ik tevreden over?

Wat kan ik nog verbeteren?

Compliment uit de groep:

Tip uit de groep:

Maaltijdbespreking Boosterbijeenkomst 4

Waar ga ik vandaag op letten of aan werken?

Waar was ik tevreden over?

Wat kan ik nog verbeteren?

Compliment uit de groep:

Tip uit de groep:

If you have any concerns about our products,
you can contact us on
ProductSafety@springernature.com

In case Publisher is established outside the EU,
the EU authorized representative is:
Springer Nature Customer Service Center GmbH
Europaplatz 3, 69115 Heidelberg, Germany

Printed by Libri Plureos GmbH
in Hamburg, Germany